Kohlhammer

Die Autorinnen/der Autor

Prof. Dr. Klaus Fröhlich-Gildhoff, Diplom Psychologe, Psychologischer Psychotherapeut und Kinder- und Jugendlichenpsychotherapeut, Co-Leiter des Zentrums für Kinder- und Jugendforschung an der Evangelischen Hochschule Freiburg. Bis 2020 Professor für Entwicklungspsychologie und Klinische Psychologie an der Evangelischen Hochschule Freiburg.

Prof. Dr. Rieke Hoffer, Diplom- Psychologin, Kinder- und Jugendlichenpsychotherapeutin, ist Professorin für Soziale Arbeit im Kontext von Kindheit, Jugend und Familie an der Hochschule Koblenz.

Prof. Dr. Maike Rönnau-Böse, Dipl. Sozpäd./Sozarb., ist Professorin für Kindheitspädagogik an der Evangelischen Hochschule Freiburg und leitet dort den Studiengang Pädagogik der Kindheit.

Klaus Fröhlich-Gildhoff,
Rieke Hoffer, Maike Rönnau-Böse

Kinder mit herausforderndem Verhalten in der Kita

Eine Handreichung für ressourcenorientiertes Handeln

Verlag W. Kohlhammer

Dieses Werk einschließlich aller seiner Teile ist urheberrechtlich geschützt. Jede Verwendung außerhalb der engen Grenzen des Urheberrechts ist ohne Zustimmung des Verlags unzulässig und strafbar. Das gilt insbesondere für Vervielfältigungen, Übersetzungen, Mikroverfilmungen und für die Einspeicherung und Verarbeitung in elektronischen Systemen.

Die Wiedergabe von Warenbezeichnungen, Handelsnamen und sonstigen Kennzeichen in diesem Buch berechtigt nicht zu der Annahme, dass diese von jedermann frei benutzt werden dürfen. Vielmehr kann es sich auch dann um eingetragene Warenzeichen oder sonstige geschützte Kennzeichen handeln, wenn sie nicht eigens als solche gekennzeichnet sind.

Es konnten nicht alle Rechtsinhaber von Abbildungen ermittelt werden. Sollte dem Verlag gegenüber der Nachweis der Rechtsinhaberschaft geführt werden, wird das branchenübliche Honorar nachträglich gezahlt.

Dieses Werk enthält Hinweise/Links zu externen Websites Dritter, auf deren Inhalt der Verlag keinen Einfluss hat und die der Haftung der jeweiligen Seitenanbieter oder -betreiber unterliegen. Zum Zeitpunkt der Verlinkung wurden die externen Websites auf mögliche Rechtsverstöße überprüft und dabei keine Rechtsverletzung festgestellt. Ohne konkrete Hinweise auf eine solche Rechtsverletzung ist eine permanente inhaltliche Kontrolle der verlinkten Seiten nicht zumutbar. Sollten jedoch Rechtsverletzungen bekannt werden, werden die betroffenen externen Links soweit möglich unverzüglich entfernt.

1. Auflage 2021

Alle Rechte vorbehalten
© W. Kohlhammer GmbH, Stuttgart
Gesamtherstellung: W. Kohlhammer GmbH, Heßbrühlstr. 69, 70565 Stuttgart
produktsicherheit@kohlhammer.de

Print:
ISBN 978-3-17-037954-1

E-Book-Formate:
pdf: ISBN 978-3-17-037955-8
epub: ISBN 978-3-17-037956-5

Inhaltsverzeichnis

	Vorwort	7

1	**Einführung**	**9**
1.1	Herausforderndes Verhalten in Kita und Grundschule	9
1.2	Professionelle Begegnung mit herausforderndem Verhalten	11
1.3	Bisherige Forschungsprojekte und Fortbildungen/ Multiplikator*innenschulungen	12
1.4	Konzept des Handbuches	15

2	**Theoretische Grundlagen**	**16**
2.1	Begriffsklärung: Was verstehen wir unter herausforderndem Verhalten?	16
2.2	Kern des Vorgehens: Der Kreislauf professionellen pädagogischen Handelns	18
2.3	Erklärungsmodelle zum Verstehen von (herausfordernden) Verhaltensweisen	21

3	**Praktische Grundlagen und Materialien zur Vorbereitung der Umsetzung des Vorgehens in Kindertageseinrichtungen**	**44**
3.1	Die eigenen Werte kennen und verstehen – Grundlage für das professionelle pädagogische Handeln bei ›herausforderndem Verhalten‹	44
3.2	Handeln in der Akutsituation	47
3.3	Fallbeispiel: Die Durchführung des Kreislaufs professioneller Begegnung mit herausforderndem Verhalten in der Kita »Das wilde Haus«	53

| 4 | Der ›Ablaufplan‹: Systematische Begegnung mit herausforderndem Verhalten | 64 |

5	Vorgehen im Detail mit Frage- und Checklisten	67
5.1	Beobachten	67
5.2	Analysieren und Verstehen	72
5.3	Handlungsplanung	83
5.4	Umsetzen: Begegnungsantworten	86
5.5	Exkurs: Die Bedeutung von Ritualen, Regeln und Mikrotransitionen	93
5.6	Evaluation: Überprüfen	95

| 6 | Zum Abschluss | 97 |

| 7 | Literatur | 98 |

| 8 | Verzeichnisse | 105 |

Abbildungsverzeichnis	105
Tabellenverzeichnis	106
Verzeichnis Arbeitsblätter	106

Vorwort

Pädagogische Fachkräfte in Kindertageseinrichtungen und Schulen fühlen sich durch Verhaltensweisen von Kindern manchmal herausgefordert, zum Teil auch überfordert und belastet. Um diesem Verhalten professionell begegnen zu können, wurden am Zentrum für Kinder- und Jugendforschung (ZfKJ) an der Evangelischen Hochschule Freiburg größere Projekte entwickelt und umgesetzt, die das Ziel hatten, die Kompetenzen der Pädagog*innen zu erweitern und den betroffenen Kindern und ihren Familien bessere Entwicklungs- und Lernmöglichkeiten zu ermöglichen. Der Kern der Projekte besteht darin, Kita- (und Grundschul-)Teams über einen längeren Prozess zu qualifizieren und ein systematisches Vorgehen in den Einrichtungen zu etablieren (▶ Kap. 2.2).

Letztlich geht es bei einem solchen Vorgehen darum, die subjektiv wahrgenommene Hilflosigkeit und Erschöpfung bei Fachkräften und Fachkräfteteams zu reduzieren *und* den Kindern und ihren Familien in der Einrichtung bedürfnisgerecht zu begegnen. Die Etablierung des Kreislaufmodells zur systematischen Begegnung mit als herausfordernd erlebten Verhaltensweisen soll das eigene Handlungsspektrum der Fachkräfte erweitern und somit das pädagogische Handeln weiter professionalisieren. Dies führt dann wiederum zu einem gesteigerten professionellen Selbstbewusstsein und der Wahrnehmung von Selbstwirksamkeit auf Seiten der Fachkräfte – hat aber auch das Ziel, das Wohlbefinden von Kindern und Familien in der Kooperation mit der Einrichtung zu sichern.

Bei der Durchführung der Fortbildungen in Kindertageseinrichtungen und mit Multiplikator*innen zeigte sich ein Bedarf nach einer Handreichung, die im pädagogischen Alltag und im Besonderen bei »Fall«-Besprechungen eine praktikable Orientierung bieten kann. Diesem Bedarf soll mit der vorliegenden Handreichung begegnet werden.

Die Handreichung orientiert sich inhaltlich am Konzept zur ressourcenorientierten Begegnung mit herausforderndem Verhalten von Klaus Fröhlich-Gildhoff, Maike Rönnau-Böse und Claudia Grasy-Tinius (2020), das durch die Ergebnisse der Dissertation von Rieke Hoffer (Hoffer, 2020) nochmals neue Impulse erhalten hat.

Wir bedanken uns bei Regina Rein und Claudia Grasy-Tinius für Ihr Mitwirken bei der Vorversion. Wir bedanken uns ebenfalls bei den Kolleg*innen aus dem Team des Zentrums für Kinder- und Jugendforschung an der Evangelischen

Hochschule Freiburg (ZfKJ), die durch konkrete Unterstützung, aber auch kritische Fragen den Text besser gemacht haben.

Ein besonderer Dank gilt den Teams der pädagogischen Fachkräfte sowie den bisherigen Teilnehmer*innen an den Multiplikator*innenschulungen, die das Konzept umsetzen und sehr hilfreiche Rückmeldungen gegeben haben.

Bei Katrin Höfler bedanken wir uns für die sorgfältige redaktionelle Bearbeitung des Manuskripts.

Wir wünschen sehr viel Interesse und auch Spaß bei der Nutzung dieser Handreichung – und wir freuen uns auch über kritisches Feedback.

Freiburg, im Juli 2021

Prof. Dr. Klaus
Fröhlich-Gildhoff

Prof. Dr. Rieke Hoffer

Prof. Dr. Maike
Rönnau-Böse

1

Einführung

1.1 Herausforderndes Verhalten in Kita und Grundschule

In vielen Kindertageseinrichtungen empfinden die dort tätigen pädagogischen Fachkräfte seit längerem eine Zunahme von Kindern, die »auffälliges« Verhalten zeigen: Es wird beklagt, dass Kinder sich weniger an Regeln halten, dass sie impulsiver sind und sich schlechter selbst steuern können oder dass die Aufmerksamkeitsspannen immer geringer würden. Die Fachkräfte erleben sich (heraus) gefordert und zunehmend belastet (Rudow, 2004; Fröhlich-Gildhoff, Lorenz, Tinius & Sippel, 2013).

Im Unterschied zu diesen von den Fachkräften beschriebenen gestiegenen Belastungen und Verhaltensänderungen der Kinder geben breite epidemiologische Studien keine Hinweise auf die Zunahme von Verhaltensauffälligkeiten: Die in Deutschland größte, repräsentativ durchgeführte Untersuchung (12.368 Kinder und Jugendliche), die »KiGGS-Studie« des Robert-Koch-Instituts (Hölling, Schlack, Petermann, Ravens-Sieberer & Mauz, 2014), kann Zahlen über einen Zehn-Jahres-Vergleich vorlegen. Dabei zeigt sich: »Insgesamt

20,2 % der Kinder und Jugendlichen im Alter von 3 bis 17 Jahren ließen sich in der KiGGS Welle 1 [2009-2012] mit dem SDQ-Symptomfragebogen einer Risikogruppe für psychische Auffälligkeiten (grenzwertig auffällig oder auffällig)[...] zuordnen: In der KiGGS-Basiserhebung [2003-2006] waren dies 20,0 % [...]. Damit ließ sich insgesamt keine bedeutsame Veränderung über die Zeit in der Häufigkeit psychischer Auffälligkeiten nachweisen« (Hölling et al., 2014, S. 809). In den neuesten Ergebnissen der KiGGS-Studie (»Welle 2«) konnte sogar eine leichte Abnahme dieser Zahlen beobachtet werden (Baumgarten et al., 2018).

Deutliche und verfestigte Verhaltensauffälligkeiten im Kindergartenalter sind allerdings ein Risikofaktor für die Entwicklung psychischer Störungen und für deren Chronifizierung im weiteren Kindes-, Jugendlichen- und Erwachsenenalter (Belfer, 2008; Dougherty et al., 2015; Hofstra, Van der Ende & Verhulst, 2000).

Über die unmittelbaren Folgen für den Alltag von Kindern und Fachkräften in Kindertageseinrichtungen oder auch auf Veränderungen der Interaktionsqualität der pädagogischen Fachkräfte liegen allerdings keine spezifischen Studien vor. Wird allerdings den als herausfordernd erlebten Verhaltensweisen der Kinder nicht professionell begegnet – dazu gehört ggf. auch ein Weiterverweisen an andere Institutionen wie Erziehungsberatung oder Kinder- und Jugendlichenpsychotherapeut*innen –, fühlen sich die Fachkräfte von den Verhaltensweisen der Kinder überfordert. Es droht dann eine Verschlechterung der Bedingungen für die Kinder, eine mögliche verringerte Interaktions- und Beziehungsqualität sowie daraus folgend eine Ausgrenzung der Kinder in der Kindertageseinrichtung – und eine Verlagerung der Problematik in die Schule.

Auf Seiten der Fachkräfte kann ein dauerhaftes Erleben der Überforderung und Hilflosigkeit zudem einen Risikofaktor für die Entwicklung psychischer Erkrankungen wie Depressionen darstellen (Köhler et al., 2018).

In einer Analyse der Forschungslage konnten Hoffer und Fröhlich-Gildhoff (2019) zudem zeigen, dass Eltern und Fachkräfte deutlich unterschiedliche Einschätzungen des Unterstützungsbedarfs der betroffenen Kinder haben und nur ein sehr geringer Prozentsatz von 3 bis 20 % der Betroffenen professionelle Hilfen außerhalb der Kindertageseinrichtungen erhält.

1.2 Professionelle Begegnung mit herausforderndem Verhalten

Aus dieser Situation heraus geben Fachkräfte in den Kindertageseinrichtungen an, dass sie Unterstützung im täglichen Umgang mit herausforderndem Verhalten benötigen. Deutlich werden in diesem Zusammenhang auch spezifische Fortbildungswünsche – beispielsweise zum Thema »Diagnostik/Erkennen von herausfordernden Verhaltensweisen« – geäußert (Fröhlich-Gildhoff et al., 2013; GEW-Kita-Studie, 2007; Wiedebusch & Franek, 2019). Zugleich bieten Kindertageseinrichtungen und Schulen grundsätzlich gute Möglichkeiten, Kinder gezielt in ihrer sozial-emotionalen Entwicklung zu unterstützen und im Sinne eines präventiven Vorgehens zumindest für einen Teil der Kinder (und ihrer Familien) neue Entwicklungsperspektiven aufzuzeigen und seelischen Störungen vorzubeugen (z. B. Fingerle & Grumm, 2012; Rönnau-Böse, Strohmer & Fröhlich-Gildhoff, 2018) – auch hier ist ein kompetentes, systematisches, mit Eltern und externen Diensten abgestimmtes Handeln der Fachkräfte in Kitas nötig.

Bisher fehlten allerdings Konzepte, die Fachkräfte qualifizieren, den als herausfordernd erlebten Verhaltensweisen systematisch und »erfolgreich« – auch und gerade im pädagogischen Alltag – zu begegnen. Die bisher zur Verfügung stehenden Programme sind entweder präventiv ausgerichtet (z. B. »Faustlos«, Cierpka, 2004; bzw. »EFFEKT«, Lösel, Jaursch, Bellmann & Stemmler, 2007, zur Gewaltprävention oder Fröhlich-Gildhoff, Dörner & Rönnau-Böse, 2016, zur universellen Resilienzförderung) oder sie sind als spezifische »Kurse« für verhaltensauffällige Kinder in der Kita konzipiert (z. B. Koglin & Petermann, 2013), die wenig Bezug zum Handeln im Alltag aufweisen.

Erfahrungsgemäß sind Pädagog*innen zumeist gut in der Lage, (einmalige) ›Akutsituationen‹ zu bewältigen: Wenn ein Kind sehr große Angst hat oder zwei Kinder in eine körperliche Auseinandersetzung geraten sind, so schreitet die Fachkraft ein, beruhigt, kann später auch mit dem Kind besprechen, wie die Situation zustande gekommen ist und wie man diese zukünftig vermeiden oder anders lösen könnte.

Die Belastung, die nicht selten zu Hilflosigkeit führt, tritt dann auf, wenn ein Kind mehrfach oder oft Verhaltensweisen zeigt, die als beeinträchtigend für andere erlebt werden und für die keine adäquaten Antworten gefunden werden bzw. bisherige Strategien versagen. *Dann* ist es nötig, Verantwortung zu teilen und nach systematischen Antwortmöglichkeiten auf verschiedenen Ebenen (Kind, Team, Familie) zu suchen.

1 Einführung

Vor diesem Hintergrund wurde am Zentrum für Kinder- und Jugendforschung (ZfKJ) an der Evangelischen Hochschule Freiburg ein Konzept zur Qualifizierung pädagogischer Fachkräfte zum Umgang mit herausforderndem Verhalten von Kindern im Kita-Alltag entwickelt und in zwei sorgfältig evaluierten Praxisforschungsprojekten umgesetzt (Fröhlich-Gildhoff, Strohmer, Rönnau-Böse, Braner & Grasy-Tinius, 2019a,b; Fröhlich-Gildhoff, Grasy-Tinius & Hoffer, 2020; Grasy-Tinius, 2019). Im Kern steht dabei die Etablierung eines systematischen Vorgehens, das sich am Kreislauf professionellen Handelns (Fröhlich-Gildhoff, Rönnau-Böse & Tinius, 2017) orientiert: Auf (1) eine *systematische Beobachtung* folgt (2) das *Verstehen und Analysieren* des als herausfordernd erlebten Verhaltens. Dabei werden Hypothesen gebildet, die wiederum die Grundlage für eine (3) dezidierte *Handlungsplanung* sind, die dann (4) in *systematisches Handeln* auf den Ebenen Kind, Einrichtung/Team/Gruppe, Eltern, weiteres Umfeld und Dienste umgesetzt werden. Die Handlungen werden (5) *evaluiert und reflektiert und ggf. erfolgen weitere Beobachtungen, Analysen und Planungen.*

1.3 Bisherige Forschungsprojekte und Fortbildungen/Multiplikator*innenschulungen

Die beiden Forschungsprojekte hatten die Qualifizierung kompletter Teams der Fachkräfte in Kitas – durch geschulte Referent*innen bzw. Prozessbegleiter*innen – über einen Zeitraum von jeweils ca. 18 Monaten zum Gegenstand. Das Grundprinzip der Teamfortbildungen bestand darin, die Fachkräfte zu qualifizieren; es wurden dann Ziele für Veränderungen direkt auf Ebene der Fachkräfte und indirekt auf den Ebenen der jeweiligen Institution, der Kinder und der Eltern beschrieben:

Die geschulten Prozessbegleiter*innen initiierten und unterstützten Organisationsentwicklungsprozesse in den Kitas: Durch Qualifizierungen der Fachkräfte und zusätzliche vertiefende Prozessbegleitungssitzungen sollten die Fachkräfte ihre Kompetenzen in der Begegnung mit herausforderndem Verhalten weiter entwickeln und es sollten zugleich in der Gesamtinstitution konzeptionelle Veränderungen zu einer ressourcenorientierten Begegnung mit diesen Verhaltensweisen eingeleitet werden. Es wurden direkte Auswirkungen auf die Fachkräfte und indirekte Effekte auf Ebene der Kinder und Eltern erwartet.

1.3 Bisherige Forschungsprojekte und Fortbildungen/Multiplikator*innenschulungen

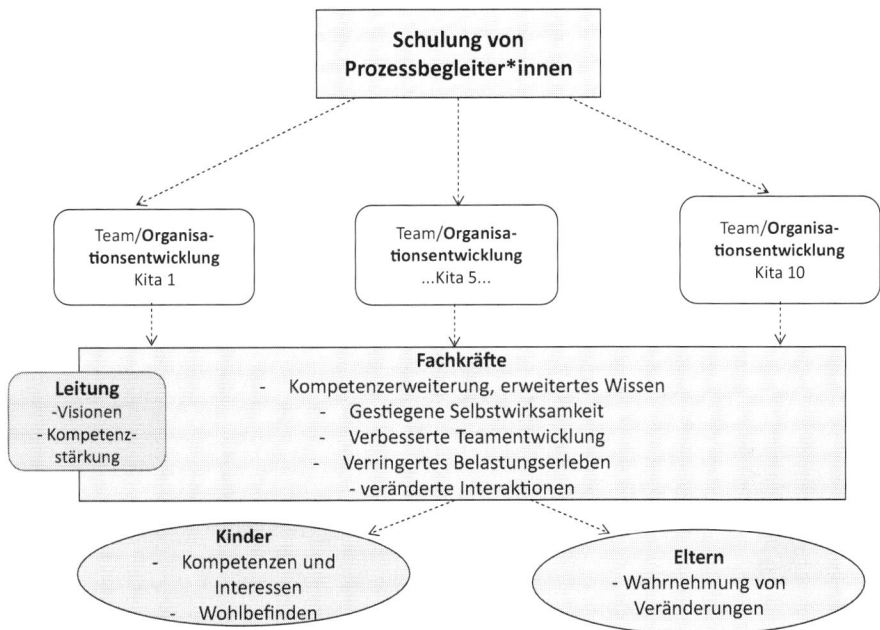

Abb. 1: Struktur der Forschungsprojekte zum »Herausfordernden Verhalten in Kitas«

Im Ausgangsprojekt »Umgang mit herausforderndem Verhalten – Evaluation des Implementationsprozesses einer Qualifizierungsmaßnahme in Kindertageseinrichtungen« (Laufzeit: 2014–2016; Förderung durch Robert-Bosch-Stiftung; Grasy-Tinius, 2019) wurden 19 Kindertageseinrichtungen, davon 11 Interventions-Kitas mit insgesamt 111 pädagogischen Fachkräften und 8 Kontroll-Kitas (84 Fachkräfte), über einen Zeitraum von zwei Jahren wissenschaftlich begleitet. Die achtzehnmonatige Weiterbildung in den Interventions-Kitas basierte auf einem Curriculum mit sechs Bausteinen (z. B. Beobachtung, Ursachen von herausforderndem Verhalten, Zusammenarbeit mit Eltern, Vernetzung und Kooperation). Die Fachkräfte-Teams konnten, je nach Rahmenbedingungen und Bedarf sowie ihrem Kompetenzstand, individuelle Schwerpunkte wählen und sich mit spezifischen Inhalten vertieft auseinandersetzen; dieses Vorgehen wurde sorgfältig dokumentiert.

Im zweiten Projekt (»Herausforderungen: Für Dich? Für mich? Für alle?« Herausforderungen durch Verhalten im pädagogischen Alltag professionell bewältigen« (Laufzeit 2016–2018; Förderung durch »Offensive Bildung« der BASF SE; Fröhlich-Gildhoff et al., 2019a,b) wurden zehn Kindertageseinrichtungen mit insgesamt 143 pädagogischen Fachkräften in ihrem jeweiligen

Team-/Organisationsentwicklungsprozess zum professionelle(re)n Umgang mit herausforderndem Verhalten begleitet. Die Fachkräfte der beteiligten Kindertageseinrichtungen wurden gemäß dem Curriculum (Fröhlich-Gildhoff, Rönnau-Böse & Tinius, 2017) regelmäßig über einen Zeitraum von etwa 18 Monaten von den geschulten Prozessbegleiter*innen fortgebildet (Teamtage) und fachlich begleitet (kontinuierliche Prozessbegleitung/Coaching). Jede/r Prozessbegleiter*in war für je eine Kita zuständig. Die Fortbildungen durch die Prozessbegleiter*innen umfassten ein insgesamt sechstägiges Modulpaket, an denen das gesamte Team einer Einrichtung teilnahm. Dieses Modulpaket war curricular aufgebaut, bestand aus obligatorischen (Einführung; Beobachtungs- und Analysekompetenz; konkretes Handeln und Zusammenarbeit mit Eltern; Sicherung der Nachhaltigkeit) und Wahlpflichtmodulen (z. B. Gesundheit der Fachkräfteteams; Vernetzung und Kooperation mit Externen). Es wurden für die teilnehmenden Einrichtungen nach deren spezifischen Anforderungen und Bedingungen und dem jeweiligen Kompetenzstand vor Ort individuelle Schwerpunkte gesetzt (ausführlich: Fröhlich-Gildhoff et al., 2019b).

Die *Evaluation* bestand aus einem Kombinationsdesign mit quantitativen und qualitativen Forschungsmethoden als Prozess- und Ergebnisevaluation. Die Prozessevaluation erfasste die einzelnen Schritte, Erfahrungen und Rückmeldungen bei der Umsetzung. Die Ergebnisevaluation bezog sich auf drei Erhebungszeitpunkte (t0 = vor der Fortbildung, t1 = direkt im Anschluss an die Fortbildungen, t2 = ein halbes Jahr nach der letzten Fortbildung). Die Prozessevaluation lief kontinuierlich während der Fortbildungen.

Die *Ergebnisse* in beiden Projekten zeigten im Vergleich der Untersuchungszeitpunkte (vorher/nachher) einen Kompetenzzuwachs der Fachkräfte, eine deutlich gestiegene Sicherheit in Verstehen von und in der Begegnung mit herausforderndem Verhalten. Damit verbunden war ein verringerter Perfektionsanspruch bzw. eine höhere Leistungs- und Arbeitszufriedenheit. Die Zusammenarbeit zwischen den Eltern und den Fachkräften verbesserte sich weiter und das Wohlbefinden der Kinder – gemessen über einen standardisierten Test – stieg an (Fröhlich-Gildhoff et al., 2019a, b; Fröhlich-Gildhoff, Grasy-Tinius & Hoffer, 2020; Grasy-Tinius, 2019).

Besonders wichtig war eine Anpassung der Fortbildungsinhalte an den jeweiligen Stand und die Bedarfe der Teilnehmer*innen aus der Zielgruppe.

Die positiven Evaluationsergebnisse und die vielen sehr guten Rückmeldungen aus den an den Projekten beteiligten Kindertageseinrichtungen führten dazu, dass das Konzept vielfach bundesweit auf Tagungen und Tagesveranstaltungen sowie in zehn Multiplikator*innenschulungen (Stand März 2020) weiterverbreitet wurde (laufende Informationen: http://www.zfkj.de).

1.4 Konzept des Handbuches

Bei der Durchführung zeigte sich ein Bedarf nach einer praxisorientierten Handreichung, die im pädagogischen Alltag und im Besonderen bei »Fall«-Besprechungen eine praktikable Orientierung bieten kann. Eine erste Vorform wurde im Jahr 2018 erstellt – das vorliegende Handbuch erweitert und vertieft diese mittlerweile vielfach erprobte Handreichung.

Der »rote Faden« in diesem Handbuch ist zum einen der Kreislauf professionellen Handelns. Er ist in Kapitel zwei (▶ Kap. 2), den theoretischen Grundlagen, ausgeführt. In diesem zweiten Kapitel werden neben einer Klärung der Begrifflichkeit des »herausfordernden Verhaltens« weitergehende theoretische Informationen zur Entstehung von Verhaltensweisen gegeben. Die hier vorgestellten Modelle bilden einen wichtigen Kern des vorgeschlagenen Vorgehens.

Das dritte Kapitel (▶ Kap. 3) vertieft das Vorgehen anhand des Kreislaufs mittels praxisorientierter Anregungen und Hinweisen: Zunächst werden wichtige Voraussetzungen für eine professionelle und ressourcenorientierte Begegnung mit herausfordernden Verhaltensweisen beschrieben und die Reflexion eigener Werte und Normen angeregt. Der Gesamtprozess ist geprägt durch (mindestens) drei Fallbesprechungen, deren grundlegende Inhalte vorgestellt werden. Es wird darauf eingegangen, worauf bei akuten Krisensituationen (Akutsituationen) geachtet werden sollte. Anhand einer Fallgeschichte wird beispielhaft vorgestellt, wie die Umsetzung des Kreislaufmodells in der Praxis aussehen kann.

Der grundsätzliche Ablaufplan wird im vierten Kapitel (▶ Kap. 4) schematisch anhand eines Flussdiagramms vorgestellt. Dabei werden Hinweise auf die begleitenden Materialien, Leitfragen und Checklisten gegeben, die anschließend in den folgenden Kapiteln vertieft dargestellt sind.

Die einzelnen Schritte werden in Kapitel fünf (▶ Kap. 5) ausführlich – hinterlegt mit je konkreten Arbeitsmaterialien – erläutert.

2

Theoretische Grundlagen

2.1 Begriffsklärung: Was verstehen wir unter herausforderndem Verhalten?

Zu Beginn der Auseinandersetzung mit dem Thema dieser Handreichung steht, wie auch in den begleiteten Weiterbildungen und Schulungen, stets die Frage, warum anstelle der Verwendung des Terminus der *Verhaltensauffälligkeit* mit dem zunächst sperrig scheinenden Begriff des *Herausfordernden Verhaltens* gearbeitet werden soll.

Verhaltensweisen von Kindern (und Erwachsenen) werden immer in Relation zu einer sozialen Norm gesetzt: Wenn beispielsweise ein Kind im letzten Kindergartenjahr in der Lage ist, beim Morgenkreis entsprechend den Regeln der Gruppe teilzunehmen, so liegt dies im Rahmen der erwarteten Entwicklungsmöglichkeiten des Kindes, es liegt nicht ›außerhalb‹ der Norm – sondern in diesem Fall innerhalb der Norm-Vorstellungen der Fachkräfte in der Einrichtung. Wenn ihm dies nicht gelingt, verstößt es gegen diese Norm, es fällt ›auffällig‹ aus der Norm heraus. Diese Normen werden immer für soziale Gruppen definiert, von der Gruppe selbst oder denjenigen, die die Gruppe

2.1 Begriffsklärung: Was verstehen wir unter herausforderndem Verhalten?

leiten. Es gibt eine Vielfalt dieser Normen, manchmal sind sie statistisch ›untermauert‹: So sind beispielsweise 95 % der zehnjährigen Kinder in Deutschland zwischen 127 und 152 cm groß – ein Kind mit einer Größe von 120 oder 160 cm wäre ›unnormal‹ klein bzw. groß, es würde ›auffallen‹[1].

Ein Kind, das häufig oder dauerhaft gegen Regeln oder Normen verstößt, wird dann als ›auffällig‹ beschrieben (zur Diskussion um die Normen vgl. ausführlich Fröhlich-Gildhoff, 2018). Dabei ist der Begriff der ›Auffälligkeit‹ oder ›Störung‹ immer eine Zuschreibung, eine Etikettierung. An einem plastischen Beispiel verdeutlicht Kriz diese Problematik von begrifflichen Zuschreibungen wie ›Verhaltensstörung‹ oder ›Verhaltensauffälligkeiten‹:

> »So wirkt ein Begriff, wie ›Verhaltensstörung‹ – [...] ›Der kleine Hans hat eine Verhaltensstörung‹ – als Verdinglichung – eben ›ding‹-haft und damit statisch und festschreibend. Schon die Formulierung: ›Hans verhält sich gestört‹, lässt Fragen aufkommen wie: ›Wann?‹ Und: ›In welchem Zusammenhang?‹. Und deren nähere Erörterung führt zu einem komplexen Gefüge aus unterschiedlichen Situationen, in denen manches von Hans' Störungen verständlich wird (als ›natürliche Reaktion‹ auf das aktuelle Verhalten seiner Schwester) oder in anderem Licht erscheint (als ›Signal für mehr Zuwendung‹ oder als ›Ablenken vom sich anbahnenden Streit von seinen Eltern‹)« (Kriz, 2004, S. 61 f.).

Das Konzept der ›Verhaltensauffälligkeit‹ verstellt den Blick auf die komplexe Vielfalt des Verhaltens und seiner Ursachen und schreibt diese einseitig dem Kind Hans zu.

Daher wird von den Autor*innen dieser Handreichung der Begriff des *Herausfordernden Verhaltens* benutzt. Die Autor*innen gehen davon aus, dass in der pädagogischen Arbeit die Berücksichtigung des Kontextes, in dem das Verhalten deutlich wird, im Fokus liegt und von einer individuumzentrierten Betrachtungsweise der Auffälligkeit abgesehen werden sollte.

Letztich geht es um Verhaltensweisen eines Kindes, das für andere – zumeist für (manche) Erwachsene – eine Herausforderung darstellt.

Warum dieses Verhalten zur Herausforderung wird, liegt im Zusammenspiel der Beteiligten Kind(er) und Erwachsenen und den situativen (institutionellen) Rahmenbedingungen. Der Begriff ›Herausforderndes Verhalten‹ verweist insofern auf eine systemische Sichtweise: Es ist nicht das Kind, das eine ›Auffälligkeit‹ zeigt, sondern in der Interaktion wird das Verhalten zur Herausforderung. Darüber hinaus verweist der Terminus darauf, dass Verhaltensweisen immer in spezifischen Situationen und Kontexten auftreten und

---

1 Nach dem gleichen Prinzip der Orientierung an der ›Normalverteilung‹ sind standardisierte psychologische Tests, zum Beispiel zur Messung der Intelligenz oder des Angstniveaus, konstruiert (Fröhlich-Gildhoff, 2018).

innerhalb dieser sinnhaft sind (Büschi & Calabrese, 2019; Fröhlich-Gildhoff, Rönnau-Böse & Grasy-Tinius, 2020).

Eine weitere Komponente dieser Begrifflichkeit besteht darin, dass sie bereits auf die subjektive emotionale Beteiligung verweist – nicht der Kinder, sondern der Fachkraft, die sich herausgefordert fühlt. Herausgefordert ist ein Mensch in Situationen, wenn überdurchschnittlich viel Energie aufgewendet werden muss. Das kann, wenn Herausforderungen ohne sinnvoll erlebte Lösungsansätze zu lange bestehen, zu einem Überforderungserleben führen.

Die Subjektivität, die zum Ausdruck kommt, kann jedoch auch darauf verweisen, dass ein anderer Mensch eine bestimmte Situation nicht als herausfordernd wahrnehmen kann und durch diese konträre Bewertung die Situation möglicherweise deutlich entzerren kann.

Durch die Verwendung des Begriffs des *herausfordernden Verhaltens* sollen also eine einseitige Zuweisung von Verantwortlichkeit sowie die stigmatisierende Zuschreibung negativer Eigenschaften vermieden werden und stattdessen auf vorhandenen Handlungsspielraum der Beteiligten hingewiesen werden.

Wie dieser Handlungsspielraum in der Praxis individuell und lösungsorientiert ausgestaltet werden kann, wird in den folgenden Kapiteln dargestellt.

2.2 Kern des Vorgehens: Der Kreislauf professionellen pädagogischen Handelns

Wenn Fachkräfte sich durch Verhaltensweisen herausgefordert sehen, wird schnell nach einem ›Rezept‹ gesucht, diesen ›einfach‹ und ›wirkungsvoll‹ zu begegnen.

Das Verhalten der Kinder hat jedoch vielfältige Ursachen, die u. a. in seiner Geschichte, der Familiensituation, aber auch in der Situation in der Kita oder Klasse liegen können. Daher ist es wichtig, nicht aufgrund einer einzelnen Beobachtung oder einem subjektiven Gefühl vorschnell zu handeln, sondern – abgesehen von unmittelbaren Krisensituationen – systematisch und geplant hypothesengeleitet zu handeln. Außerdem sollten Kinder nicht etikettiert werden (»Hans ist verhaltensauffällig«).

Ein professionelles Handeln folgt, anders als intuitives Alltagshandeln, einem Kreislaufmodell.

2.2 Kern des Vorgehens: Der Kreislauf professionellen pädagogischen Handelns

Beim professionellen Handeln erfolgt *nicht* – wie es beim Alltagshandeln geschieht – direkt nach der Wahrnehmung (und Bewertung) eine intuitive Antwort in Form einer Handlung bzw. eines Verhaltens. Stattdessen werden ›Zwischenschritte‹ eingezogen, die dazu dienen, das wahrgenommene Verhalten zu *verstehen*.

Diese ›Verzögerung‹ ermöglicht es – zusätzlich zur ersten, intuitiven Interpretation des Verhaltens eines Kindes – weitere Deutungsmöglichkeiten zu erschließen.

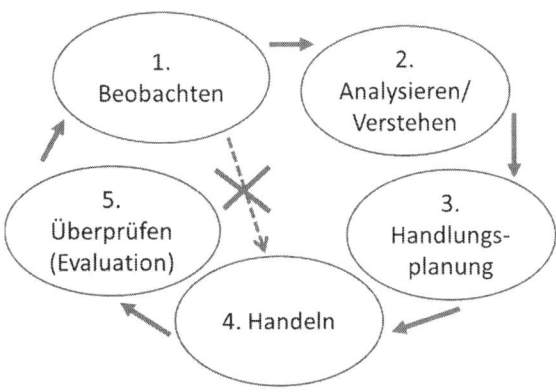

Abb. 2: Kreislauf professionellen pädagogischen Handelns

Zur Realisierung dieses Handlungskreislaufs müssen Fachkräfte ihre Beobachtungen systematisch durchführen (*1. Beobachten*) und reflektieren.

Das so Beobachtete ist, auf der Grundlage von theoretischem Wissen über Verhaltensentstehung und die je spezifische Situation des Kindes, zu analysieren (*2. Analysieren/Verstehen*). Dieser zweite Schritt ist von besonderer Bedeutung, da er die Brücke zu einem besseren Verstehen des Kindes bildet. Anhand der Analysen werden Hypothesen über die Verhaltensentstehung gebildet, also *Vermutungen* über mögliche Ursachen von Verhaltensweisen auf Grundlage des bisher vorliegenden Wissens angestellt. Die Verwendung des Begriffs der *Hypothesen* betont, dass trotz aller Beobachtungen und theoretischen Kenntnisse keine definitiven, abschließenden Ursachen (und entsprechend auch Antworten!) festgestellt werden können und sollen. In diesem Schritt ist es hilfreich, möglichst viele verschiedene Hypothesen zu bilden, um ein möglichst breites Spektrum zu haben. Wichtig ist in dieser Phase, dass diverse Sichtweisen und auch ungewöhnliche, zunächst vielleicht abwegig erscheinende Ideen durchaus geäußert werden dürfen. Vielfalt ist erwünscht und hilfreich! Am Ende des Sammelns werden aus den vielfältigen Hypothesen eine oder maximal zwei Hypothese(n) (*Arbeitshypothese* oder ›Lieblingshypothese‹) ausgewählt, es wird also eine bewusste Entscheidung getroffen, mit welcher Annahme in diesem Durchlauf des Kreislaufes weiter gearbeitet werden soll. Die anderen Hypothesen verlieren dadurch nicht an Wert, sondern bleiben weiterhin dokumentiert.

Die Entscheidung für die Arbeitshypothese führt zum nächsten Schritt, der *Handlungsplanung*.

Hierfür wird davon ausgegangen, dass die gewählte Hypothese eine wichtige Ursache der Verhaltensweisen des Kindes darstellt. Es soll nach passgenauen Begegnungs-Antworten gesucht werden. Auch hierbei ist es hilfreich, ein breites Spektrum an Ideen zu sammeln, um im nächsten Schritt einen oder zwei konkret umzusetzende Handlungsschritt(e) festzulegen. Dabei sollte berücksichtigt werden, dass auf vier Ebenen gehandelt werden kann: in der Begegnung mit dem Kind selbst, innerhalb des Teams und der Strukturen in der Organisation, in der Zusammenarbeit mit den Eltern und in der Kooperation mit weiteren Netzwerkpartner*innen und Akteur*innen.

Diese ausgewählten Handlungsschritte werden umgesetzt (*4. Handeln*). Dabei wird im Vorfeld (am besten schriftlich) festgelegt, wer bis zu welchem Zeitpunkt welche Schritte umzusetzen hat. Ebenfalls sollte hier bereits die Evaluation – die Überprüfung der Umsetzung inklusive der Reflexion – mit eingeplant werden. Bei der Evaluation (*5. Evaluation/Überprüfung*) wird geprüft, ob und welche weiteren Beobachtungs- und Analyseschritte notwendig sind.

Im Hintergrund der fünf Bestandteile des Kreislaufs professionellen pädagogischen Handelns stehen Einzelelemente, die wiederum die Grundlage bilden, um jeweils passende Begegnungs-/Handlungsformen zu entwickeln und zu realisieren. Von besonderer Bedeutung ist es hierbei, das Verhalten des Kindes zu verstehen – hierzu stehen neben dem spezifischen Wissen über das Kind und seine Familie allgemeine Modelle zur Verhaltensentstehung zur Verfügung, zum einen das *Bio-Psycho-Soziale Modell*, zum anderen das *Modell der seelischen Grundbedürfnisse* (ausführlich: Fröhlich-Gildhoff, Rönnau-Böse & Tinius, 2017).

Um den Handlungskreislauf in Teams von pädagogischen Fachkräften ein- bzw. umsetzen zu können, werden in den folgenden Kapiteln für jeden Schritt weitere Materialien, vor allem sogenannte ›Checklisten‹ mit hilfreichen Analysefragen zur Verfügung gestellt.

2.3 Erklärungsmodelle zum Verstehen von (herausfordernden) Verhaltensweisen

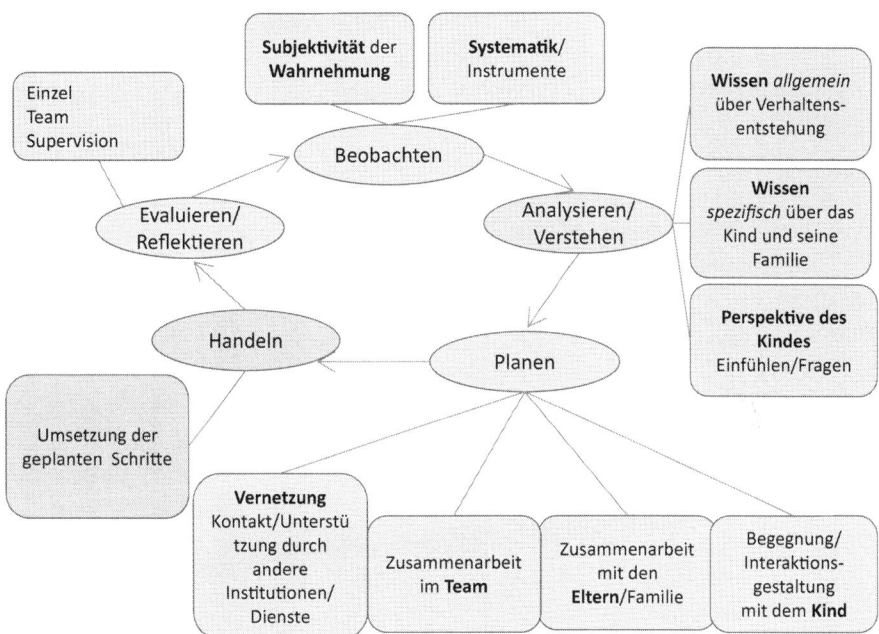

Abb. 3: Weitergehende Bestandteile des Kreislaufs professionellen pädagogischen Handelns

2.3 Erklärungsmodelle zum Verstehen von (herausfordernden) Verhaltensweisen

Verhaltensweisen, die als herausfordernd erlebt oder als ›auffällig‹ beschrieben werden, haben oft eine längere Entstehungsgeschichte, sie sind als verfestigte Formen der Begegnung eines Kindes mit seiner Umwelt zu verstehen. Zum Verstehen und Erklären der Ursachen bzw. Entstehungsbedingungen steht eine Reihe von Modellen zur Verfügung. Einige davon, etwa die Vererbungstheorien (das Verhalten ist ›vererbt‹), sind sehr einfache und eindimensionale Konzepte, die mittlerweile wissenschaftlich nicht mehr haltbar sind.

Menschliches Verhalten resultiert immer aus einem komplexen Zusammenspiel verschiedener Faktoren und Einflussgrößen – es gilt, diese Faktoren sorgfältig und individuumsbezogen zu betrachten: So kann ein Verhalten, das als ›aggressiv‹ eingeschätzt wird, u. a. daraus resultieren, dass einem Kind zu wenige Grenzen gesetzt wurden oder dass es aggressiv handelnde Vorbilder in der Familie hat(te) oder dass es soziale Situationen immer wieder falsch einschätzt und sich bedroht fühlt. Andersrum kann eine Lebenseinschränkung wie fehlende Be-Achtung zu großer Enttäuschung und sozialem Rückzug führen – aber eben auch zum Kampf um Zuwendung, manchmal auch über ›aggressives‹ Verhalten.

Es gibt zwar eine Menge von Studien über Zusammenhänge zwischen Ursachen und Verhaltens›ergebnissen‹ – allerdings stellen diese, bezogen auf das Individuum, auf das einzelne Kind und seine Lebenswelt, immer nur Möglichkeiten und Wahrscheinlichkeiten dar. Diese Hypothesen müssen zum Verstehen des individuellen Kindes und seines Verhaltens (immer wieder) überprüft werden.

In der praktischen Arbeit mit Teams von pädagogischen Fachkräften haben sich dabei zwei Modelle zur Erklärung menschlichen Verhaltens bewährt, die zudem wissenschaftlich gut fundiert sind: das Bio-Psycho-Soziale Modell und das Modell der seelischen Grundbedürfnisse. Das Bio-Psycho-Soziale Modell ist komplexer, weil es in der Breite viele Faktoren, v. a. auch die Lebensumwelt des Kindes, einbezieht. Im Modell der seelischen Grundbedürfnisse stehen das Kind und seine psychische Situation stark im Vordergrund, es ist daher etwas einfacher strukturiert. Beide Modelle widersprechen sich nicht; es gibt Überschneidungen und sie ergänzen sich. Aus pragmatischen Gründen ist es zu empfehlen, sich zunächst für eines der beiden Modelle zu entscheiden. Bei verschiedenen Fallbesprechungen für verschiedene Kinder können auch beide Modelle ›ausprobiert‹ werden.

Im Folgenden werden zunächst die Einzelelemente der Modelle dargestellt, daraus resultierend werden orientierende Leitfragen zur Hypothesenbildung aufgeführt. Wichtig ist hierbei: Nicht alle Fragen müssen ›abgearbeitet‹ werden – sie stellen den Hintergrund zum Verstehen und der daraus resultierenden Handlungsplanung dar. Und manchmal geben sie Hinweise, welche Informationen zum Verstehen noch fehlen könnten.

2.3.1 Bio-Psycho-Soziales Modell[2]

Der Grundgedanke des Bio-Psycho-Sozialen Modells besteht darin, dass der Mensch mit biologischen Ausgangsbedingungen auf die Welt kommt und im Wechselspiel mit sozialen Faktoren – und den dabei gemachten Erfahrungen –

---

[2] Dieser Abschnitt orientiert sich an: Fröhlich-Gildhoff, Grasy-Tinius und Rönnau-Böse, 2020.

sich die innerseelische Struktur, das ›Selbst‹, bildet. Diese psychische Struktur ist gewissermaßen der Kern der Persönlichkeit, der bewusst oder unbewusst mit der Umwelt, also auch aktuellen sozialen Bedingungen, in Kontakt tritt. Es kommt wiederum zu einer wechselnden Einflussnahme von Individuum und Umwelt. Dieses Zusammenspiel lässt konkret beobachtbares Verhalten entstehen (ausführlich: Fröhlich-Gildhoff, Rönnau-Böse & Grasy-Tinius, 2020, Kapitel 2.1; Fröhlich-Gildhoff, 2018):

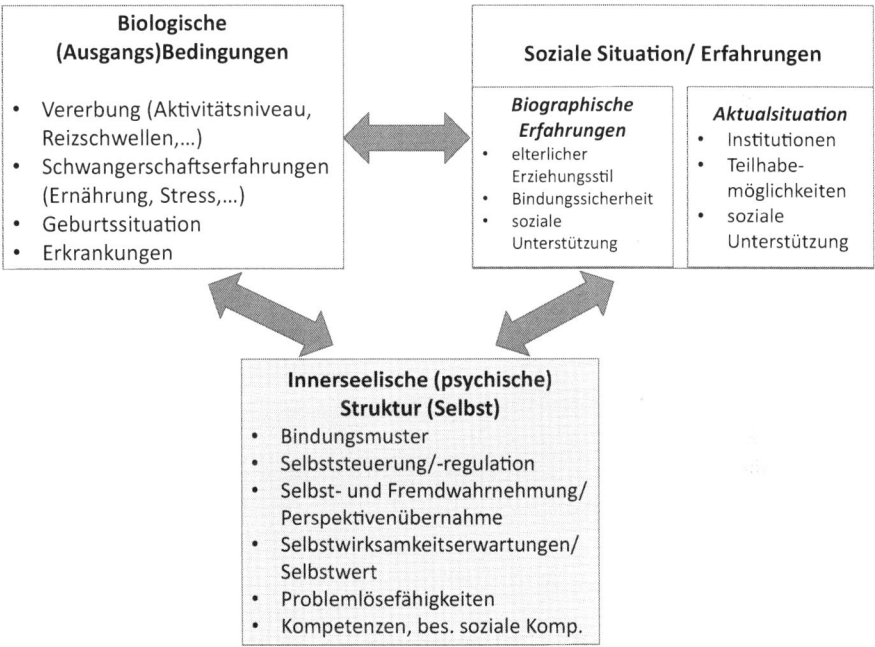

Abb. 4: Allgemeines Bio-Psycho-Soziales Modell

Die drei zentralen Elemente des Modells sollen im Folgenden ausführlicher betrachtet werden:

(1) Biologische (Ausgangs-)Bedingungen

Bei der Betrachtung der biologischen Ursachen für das Verhalten und Erleben, aber auch für die Entwicklung und Unterschiede zwischen Menschen stellt sich zunächst die Frage nach den erblichen, also *genetischen Bedingungen* für diese Ursachen. In der Vergangenheit und in der Gegenwart gab und gibt es insbesondere im populärwissenschaftlichen Kontext immer wieder Veröffentlichungen, in denen (Prozent-)Anteile zwischen Vererbung und Umwelt definiert werden. Abgesehen von einer zum Teil fragwürdigen Methodik solcher Untersuchungen (vgl. hierzu ausführlich: Montada, 2008; Petermann, Niebank & Scheithauer, 2004) bilden derartige, vereinfachende Modelle die Wirklichkeit nicht annähernd ab: Gerade die neuen Erkenntnisse der Epigenetik (Meaney, 2001a,b; Brisch, 2004) zeigen, dass auf den Genen *Möglichkeiten* von Merkmalen gespeichert sind, die dann durch Umwelteinflüsse aktiviert werden – oder eben nicht. Die Ausformung genetischer Differenzen ist also – abgesehen von bestimmten Merkmalen wie zum Beispiel der Augenfarbe – von Umweltbedingungen abhängig (ausführlich: Fröhlich-Gildhoff & Mischo, 2016).

Dennoch ist es so, dass Kinder mit unterschiedlichen Voraussetzungen auf die Welt kommen, manche sind ›aktiver‹, manche reagieren empfindlicher und lassen sich schlechter beruhigen etc. Diese Temperamentsvoraussetzungen treffen dann allerdings auf Umwelteinflüsse und sind veränderbar: Wenn ein Kind, das zunächst einen sehr unregelmäßigen Schlaf/Wach-Rhythmus hat oder sich schlechter beruhigen lässt, auf eine Umwelt – also: Bezugspersonen – trifft, die sich in Ruhe auf das Kind und seine Bedürfnisse einstellen können, so kann dieses Kind angemessene Selbstberuhigungsstrategien aufbauen. Umgekehrt kann es passieren, dass ein Kind mit zunächst regelmäßigen biologischen Funktionen in eine Umwelt geboren wird, in der sehr viel Hektik, Streit und Unregelmäßigkeit vorherrschen – dann können die ursprüngliche Ressource des ›einfachen Temperaments‹ und die damit verbundenen guten Voraussetzungen zum Aufbau von Selbstregulationsfähigkeiten verloren gehen.

Seit langem ist zudem bekannt, dass Schadstoffe wie Alkohol oder Nikotin die Entwicklung des Fötus in der *Schwangerschaft* massiv beeinträchtigen. So führt das sogenannte Fetale Alkoholsyndrom (FAS) zu langfristigen hirnorganischen Schädigungen, körperlichen Missbildungen, Störungen der Sinnessysteme und in der Folge möglicherweise auch zu Verhaltensstörungen (vgl. z.B. Feldmann, 2006). Schon im Mutterleib macht der Embryo Erfahrungen – durch Bewegungen oder erste Sinneseindrücke wie das Aufnehmen von Geräuschen –, die dann zum ersten Aufbau entsprechender Hirnstrukturen führen.

Neuere Untersuchungsmethoden wie die dreidimensionale Ultraschalltechnik zeigen, dass sich auch das Erleben der Mutter auf den Fötus auswirkt: So reagiert der Embryo bspw. durch heftige Bewegungen auf Stresssymptome der Mutter (Hüther & Krens, 2005). In Tierversuchen konnte gezeigt werden, dass der Stress von Muttertieren zu hirnorganischen und -funktionellen Schädigungen führt (Braun et al., 2002).

Auch die oft benannten *neurophysiologischen Strukturen oder Prozesse* sind letztlich Abbilder oder Entsprechungen (Korrelate) der Interaktion des Menschen mit seiner dinglichen und sozialen Umwelt. Entsprechend der hohen Plastizität (Veränderbarkeit) des Gehirns und der nutzungsabhängigen Herausbildung von Strukturen ist auch hier von Wechselwirkungen zwischen hirnorganischen Strukturen einerseits und Verhaltensweisen andererseits auszugehen (ausführliche Beschreibung z. B. bei Grawe 2004; Hüther, 2004, 2005, 2006).

Zusammenfassend lässt sich festhalten, dass biologische Grundlagen oder Entsprechungen (zum Beispiel Hirnstrukturen) menschliches Verhalten beeinflussen – sie sind aber nicht ursächlich oder gar allein bestimmend für die Ausprägung des Verhaltens. Sie sind veränderbar oder regulierbar durch (soziale!) Interaktion zwischen dem jeweiligen Menschen als ›Träger‹ seiner biologischen Voraussetzungen und seiner jeweiligen Umwelt.

(2) Soziale Situation und Erfahrungen

Die sozialen Bedingungen, in denen ein Mensch lebt und in denen er Erfahrungen macht, lassen sich unterscheiden in (a) die sozialen Situationen in der eigenen Lebensgeschichte (Biografie) und (b) in die der jeweils aktuellen Situation. Die hierbei wesentlichen Bedingungen werden im Folgenden beschrieben.

Biografische Erfahrungen

Von der Vielfalt der sozialen Erfahrungen, die ein Mensch im Laufe seiner Lebensgeschichte macht, sind für die Entwicklung der Selbststruktur vier Aspekte besonders bedeutsam:

Das Erleben von Bindungssicherheit
Dieses stellt die Grundlage für späteres eigenständiges, sicheres Bindungsverhalten dar. Die Bindungsforschung[3] geht davon aus, dass frühe Bindungserfahrungen zu einem ›inneren Arbeitsmodell‹ (internal working model) führen, das später die Art und Weise des Bindungsverhaltens des Kindes prägt. Dieses ›innere Arbeitsmodell‹ – also ein übergeordnetes, innerpsychisches

---

3 Das Konzept der Bindungsforschung ist an verschiedenen Stellen (z. B. Grossmann, 2001; Grossmann & Grossmann, 2004) ausführlich beschrieben, so dass an dieser Stelle nur die Grundgedanken dargestellt werden; diese basieren auf der entsprechenden Grundlagenliteratur.

Abbild oder Schema (s. u.) – bildet wiederum eine sichere Basis für Neugierverhalten und eine ›offene‹ Weltbegegnungshaltung – oder verhindert dies bei entsprechenden Beeinträchtigungen.

Eine wesentliche Variable für die Entwicklung der Bindungsrepräsentationen ist die »Feinfühligkeit« (Ainsworth, Blehar, Waters & Wall, 1978) der Bezugspersonen. Das ist die Fähigkeit, die Signale des Kindes (1) wahrzunehmen, (2) richtig zu interpretieren sowie (3) prompt und (4) angemessen zu beantworten.

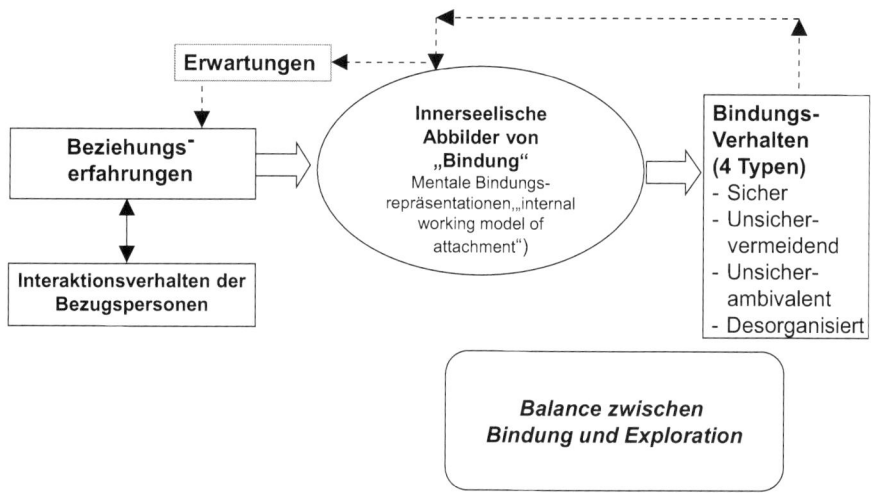

Abb. 5: Modell der Entstehung von Bindungsrepräsentationen, modifiziert aus Fröhlich-Gildhoff (2013a)

Abbildung 5 verdeutlicht diesen Prozess: Reale Beziehungserfahrungen führen zu innerseelischen Abbildungen dieser Erfahrungen; dabei kommt es nicht auf einmalige, sondern auf dauerhafte, wiederkehrende Situationen und entsprechende Erfahrungen an. Die inneren Abbilder wiederum steuern auch die Erwartungen an soziale Interaktionen: Wenn ein Kind oft die Erfahrung von Bindungssicherheit gemacht hat, wird es erwarten, dass es in neuen sozialen Situationen auch feinfühlige, emotional unterstützende Begegnungen erfährt und wird sich entsprechend offen sowie wenig misstrauisch und vorsichtig verhalten.

Zwischen dem Bindungssystem und dem Explorationssystem besteht eine enge Beziehung im Sinne einer ›Waage‹: Wenn die Bindungsbedürfnisse eines Kindes befriedigt sind, kann und wird es aus sich heraus die Umwelt erkunden,

2.3 Erklärungsmodelle zum Verstehen von (herausfordernden) Verhaltensweisen

sich auch von den Bezugspersonen vorübergehend lösen können. Nach einer Phase der Exploration werden dann aber wieder die Bindungsbedürfnisse stärker. Dies lässt sich oft bei kleineren Kindern beobachten, die sich krabbelnd von der Bezugsperson, beispielsweise der Mutter, entfernen, sich selbst ›beschäftigen‹, etwas Interessantes finden, dabei aber immer wieder den Blickkontakt suchen. Nach einer Weile krabbeln sie zur Mutter zurück, kuscheln, dann geht die ›Erkundungsreise‹« wieder los.

Insgesamt ist zu beachten: Eine zentrale, übereinstimmende Erkenntnis aus Entwicklungspsychologie, Resilienz- und Psychotherapieforschung (z. B. Dornes, 2009; Grawe, Donati & Bernauer, 2001; Luthar, 2006) besteht darin, dass der wesentlichste Schutzfaktor, der am stärksten zu einer gelingenden Entwicklung beiträgt und viele Risikofaktoren abpuffern kann, die Erfahrung einer stabilen, verlässlichen, wertschätzenden, emotional warmen Beziehung zu einer (erwachsenen) Bezugsperson ist. Für die Entstehung von seelischer Gesundheit haben sichere Bindungsmuster eine wesentliche Bedeutung, (familiale) Beziehungsgefüge, »die von Sicherheit, Unterstützung und Möglichkeit zur Exploration geprägt sind« (Fingerle, 2011, S. 215; s. a. Bengel, Meinders-Lücking & Rottmann, 2009; Grossmann & Grossmann, 2004).

Elterlicher Erziehungsstil

Eine große Bedeutung für die kindliche Entwicklung haben elterliche erzieherische Verhaltensweisen; diese werden, wenn sie situationsübergreifend zu erkennen sind, als Erziehungsstile bezeichnet. Neuere Forschungsergebnisse sprechen dafür, dass ein Erziehungsstil, der eine hohe Akzeptanz des Kindes, das Stellen angemessener Anforderungen und ein angemessenes Einräumen von Handlungsspielräumen für das Kind beinhaltet, dazu führt, dass sich Kinder am besten entwickeln: Sie haben »ein positiveres Selbstkonzept, ein höheres Niveau sozialer und moralischer Urteile und bessere Schulleistungen […]« (Mischo, 2016, S. 150). Hingegen entwickeln Kinder, die einen autoritären Erziehungsstil erfahren, eher Angst, Feindseligkeit und ein geringeres Ausmaß an positiven Emotionen.

Soziale Unterstützung

Je älter Kinder werden, desto größer ist die Bedeutung sozialer Kontakte – und entsprechender Erfahrungen – mit Gleichaltrigen und Erwachsenen jenseits der familiären Bezugspersonen. In diesen Beziehungen können sie Unterstützung, aber auch Ablehnung oder Missachtung erfahren. Die Art der dabei gemachten Erfahrungen wirkt zurück auf Selbstbild und Selbstwert sowie die Entwicklung sozialer Kompetenzen. Soziale Unterstützung im engeren Sinne »umfasst die Interaktion zwischen zwei oder mehreren

Menschen, bei der es darum geht, einen Problemzustand, der bei einem Betroffenen Leid erzeugt, zu beheben oder zu lindern« (Knoll & Schwarzer, 2005, S. 334). Damit wird die qualitative Dimension positiver sozialer Interaktion (Klauer, 2009) angesprochen: Es geht darum, Halt und Sicherheit und konkrete Hilfe in als kritisch erlebten Situationen zu erfahren.

Die Wirkung sozialer Unterstützung wurde relativ breit untersucht. Dabei ist zunächst zu beachten, dass nicht das reale Angebot der Unterstützung oder die Zahl der Unterstützungspersonen für das Erleben von Unterstützung bedeutsam ist, sondern das Wahrnehmen der Angebote und der Hilfe. Wenn soziale Unterstützung als solche wahrgenommen wird, kann sie das psychische und physische Wohlbefinden positiv beeinflussen (Faller, 2010; Klauer, 2009). Nach Nestmann (2000) führen Erfahrungen wie das Gefühl der Zugehörigkeit, erlebte Wertschätzung, Ermutigung und Bestätigung sowie das Erleben von (Beziehungs-)Sicherheit zu einer Stärkung des Selbstwertes bzw. psychischer Stabilisierung generell (vgl. auch Laireiter, 2009).

Teilhabemöglichkeiten

»Teilhabe bezeichnet die Möglichkeit, als Person in unterschiedliche soziale Situationen eingebunden zu sein« (Rohrmann, 2009, S. 18). Das Erleben von Teilhabe – oder des Gegenteils, des Ausschlusses – hat im Verlauf der Biografie Auswirkungen auf die individuelle psychische Entwicklung, im Besonderen auf den Selbstwert und die Einschätzung sozialer Situationen. Es geht zum einen darum, reale Möglichkeiten zur Teilhabe an sozialen Prozessen zu eröffnen: Können wirklich alle Kinder das Angebot der Kita insgesamt wahrnehmen? Kann das Kind am Schulausflug teilnehmen, wer bezahlt den Beitrag für den Sportverein, auch wenn die Eltern sehr begrenzte finanzielle Möglichkeiten haben? Sind die Möglichkeiten auf dem Freigelände so gestaltet, dass Jungen *und* Mädchen sie nutzen können? Zum anderen geht es um die Einstellungen und Haltungen professioneller (pädagogischer) Fachkräfte: Wie sehr wird Vielfalt und Unterschiedlichkeit von Kindern und Familien wahrgenommen, akzeptiert und wertgeschätzt? Wie sensibel werden Ausschlusstendenzen oder fehlende Ressourcen wahrgenommen? Wie wird dem begegnet?

Aktualsituation

In der je aktuellen Situation, im zwischenmenschlichen Kontakt, bei der Bewältigung von Aufgaben und Herausforderungen haben soziale Bedingungen und dabei gemachte Erfahrungen Auswirkungen auf das Verhalten. Auch hierbei spielen (wahrgenommene!) soziale Unterstützung und (wahrgenommene!) Teilhabemöglichkeiten eine Rolle, auf beide wurde im vorigen Abschnitt eingegangen. Eine weitere Bedeutung haben die Bedingungen der jeweiligen *Institution*, in deren Rahmen Kinder gebildet, erzogen und betreut werden.

Innerseelische Struktur (Selbst)

Der Aufbau der innerseelischen Struktur – des ›Kerns‹ der Persönlichkeit oder des ›Selbst‹ – wird im Folgenden zunächst aus der Perspektive der ›gesunden‹ oder gut gelingenden Entwicklung beschrieben; an einzelnen Stellen wird auf die Folgen von ›Störungen‹ dieser gelingenden Entwicklung und deren möglichen Ausdruck im Verhalten verwiesen.

Der von Geburt an »kompetente« Säugling (Dornes, 2009; Rauh, 2008) tritt von der ersten Lebensminute in *Interaktion* mit seiner Umwelt, vor allem mit seinen Bezugspersonen. Die dabei gemachten realen und emotional bewerteten Erfahrungen sind die Grundlage für die Bildung der innerseelischen Struktur. Die gemachten Erfahrungen werden im Gedächtnis abgespeichert und in Zusammenhänge gebracht. Diese Abbilder von Erfahrungen im Austausch mit der Umwelt werden weitergehend vernetzt und zu sogenannten übergeordneten Schemata ›verdichtet‹. Diese steuern im Weiteren Empfinden, Denken und Handeln. Ein Beispiel für ein solches, handlungsleitendes Schema ist ein grundlegendes Vertrauen (›Urvertrauen‹) – oder eben Misstrauen – in andere Menschen. Um dieses zu entwickeln, muss das Kind immer wieder die Erfahrung machen, dass es sich auf andere verlassen kann, dass die Bezugspersonen regelmäßig und feinfühlig (s. o.) auf die Bedürfnisse des Kindes eingehen, ihm Halt, Sicherheit und Anregungen geben (ausführlich zur Entwicklung des Selbst: Dornes, 2009; Fröhlich-Gildhoff, 2016; Stern, 1992, 1995). Auch das »innere Arbeitsmodell« der Bindungserfahrungen (s. o.) entspricht einem solchen handlungsleitenden Schema.

Bei der Entstehung der Selbst-Struktur haben *sechs Faktoren* eine besondere Bedeutung:

1. das Erfahren einer sicheren Bindung
2. die Unterstützung kindlicher Emotionsregulation und Affektabstimmung
3. der Aufbau emotionaler und kognitiver Perspektivenübernahme (Mentalisierungsfähigkeit)
4. das Erleben von Kontrolle und Selbstwirksamkeit
5. der Aufbau kognitiver Schemata und allgemeine Problemlösekompetenzen
6. der Aufbau sozialer Kompetenz.

2 Theoretische Grundlagen

Die hier gemachten Erfahrungen können als Entwicklungsdimensionen betrachtet werden, die maßgeblich die aktuelle und spätere Kind-Umwelt-Interaktion prägen.

Sie sollen im Folgenden genauer betrachtet werden.

Das Erfahren einer sicheren Bindung

Die Bedeutung des Erfahrens von Bindungssicherheit ist im vorigen Abschnitt (Soziale Situation → Biografische Erfahrungen) ausführlich dargestellt.

Wenn die Lebensäußerungen und Bedürfnisse eines Kindes nicht dauerhaft feinfühlig und regelmäßig beantwortet und sehr oft ignoriert werden, entsteht ein inneres Bild (›inneres Arbeitsmodell‹), das von Unsicherheit geprägt ist: »Ich kann mich nicht darauf verlassen, dass eine andere Person zuverlässig für mich da ist.« Hieraus kann ein Muster von früher Über-Autonomie entstehen, der sogenannte unsicher-vermeidende Bindungstypus: Die Kinder scheinen sehr selbständig, fragen sehr selten nach Unterstützung, wirken, als könnten und wollten sie ›alles allein regeln‹. Sie fallen im pädagogischen Alltag oft gerade nicht auf, sie zeigen nicht direkt ihre Not – sie glauben fast nicht mehr daran, dass sie Unterstützung bekommen, wenn sie diese brauchen.

Wenn ein Kind hingegen dauerhaft die Erfahrung macht, dass die Bezugsperson(en) manchmal zur Verfügung stehen und innerlich präsent auf das Kind bezogen sind, manchmal jedoch innerlich oder äußerlich abwesend sind, so entsteht in der Psyche des Kindes ein tiefes Gefühl der Unsicherheit darüber, ob es wahrgenommen wird, ob seine Bedürfnisäußerungen beantwortet werden. Dies kann im Sinne des sogenannten ambivalent-unsicheren Bindungstyps dazu führen, dass das Kind sehr heftige Reaktionen zeigt, wenn die Bezugsperson sich abwendet, den Raum verlässt etc. – das Kind ist grundlegend unsicher darüber, ob und wann es wieder Zu-Wendung erhält und versucht darum zu ›kämpfen‹. Die Kinder zeigen oft ein dramatisches Verhalten, das manchmal wirkt, als wollten sie Aufmerksamkeit bekommen – dieses Verhalten ist gleichfalls als Notreaktion zu verstehen: Es sendet mit seinem Verhalten Signale, dass es Bindungssicherheit braucht.

Die hier aufgeführten Bindungstypen der unsicheren Bindung sind nicht ›krankhaft‹, sie stellen jedoch ein Entwicklungsrisiko dar: »In einer zunehmenden Anzahl von [...] Längsschnittstudien wurden Zusammenhänge zwischen einer unsicheren Bindung und Verhaltensauffälligkeiten der Kinder im Vorschul- und im Schulalter gefunden« (Brisch, 1999, S. 75; s. a. Brisch, 2007). Der vierte Bindungstypus, der Typus der desorganisierten Bindung steht in engem Zusammenhang mit (späteren) Verhaltensauffälligkeiten (z. B. Brisch, 1999; Fonagy, Gergely, Jurist & Target, 2004). Bei Kindern mit diesem

Bindungstypus handelt es sich nach diesen Autor*innen um eine spezifische Risikogruppe. Kinder, die ein entsprechendes Verhalten zeigen – beispielsweise manchmal ›erstarren‹, manchmal heftige, schlecht vorhersehbare Handlungsweisen realisieren –, haben sehr stark und regelmäßig die Erfahrung gemacht, dass ihre Bedürfnisse und Lebensäußerungen entweder überwiegend ignoriert oder vernachlässigt wurden oder sie haben extrem und oft widersprüchliche Verhaltensweisen der Eltern (beispielweise einerseits schlagen, andererseits ›mit Liebe überhäufen‹) erlebt. Dies führt neben dem starken Vernachlässigen der gesamten kindlichen Bindungsbedürfnisse dazu, dass gar kein klares, stabiles inneres Abbild von Bindungen bzw. Beziehungsmustern aufgebaut werden kann und die Kinder dementsprechend keine oder bizarr anmutende Verhaltensweisen vor allem in Beziehungssituationen zeigen.

Es ist unbedingt nötig, dass bei sich abzeichnenden Bindungsstörungen gezielte Unterstützungen der Kinder bzw. der Mutter-Kind-Interaktionen erfolgen:

> »Bindungsstörungen weisen eine gewisse Persistenz [Dauerhaftigkeit] auf und können ohne sichere emotionale Beziehungserfahrungen [durch andere Personen, z. B. pädagogische Fachkräfte, d. Verf.] oder therapeutische Interventionen nicht aufgelöst werden. Sie zeigen vielmehr eine Tendenz, sich zu verfestigen und [...] auf die eigenen Kinder übertragen und somit an die nächste Generation weitergegeben (zu) werden« (Brisch, 2007, S. 167 f.).

Bindungsstörungen führen auch dazu, dass das Neugier- und Explorationsverhalten von Kindern deutlich eingeschränkt ist.

Ein Instrument zum Erkennen der Bindungssicherheit oder -unsicherheit ist der »Beobachtungsbogen zur Einschätzung der Bindungssicherheit in der Kita (EiBiS)« (Fröhlich-Gildhoff & Hohagen, 2020).

Die Unterstützung kindlicher Emotionsregulation und Affektabstimmung

Die Bezugspersonen unterstützen das Kind bei der (zunehmenden Selbst-) *Regulation* seiner Aktivitäts-Zustände, seiner Erregungen und seiner Gefühle. Nach Petermann & Wiedebusch (2003) findet in der Eltern-Kind-Interaktion »eine gemeinsame Regulation von Gefühlen« statt.

> »Dabei sind die Neugeborenen noch ganz auf die Regulation ihrer Emotionen durch die Bezugspersonen angewiesen, während ältere Säuglinge und Kleinkinder in zunehmendem Maße geringe emotionale Belastungen selbst regulieren können, jedoch beim Erleben negativer Gefühle auf Bewältigungshilfen seitens der Eltern angewiesen sind« (ebd., S. 62; vgl. auch Papoušek, 2004).

Es kommt insbesondere darauf an, die »Feinzeichen« kindlicher Affekte, insbesondere der Offenheit vs. Belastung des Kindes möglichst immer präziser zu erkennen und dann adäquat zu beantworten. Diese Feinzeichen können in vier Verhaltenssystemen beobachtet werden (Ziegenhain, Fries, Bütow & Derksen, 2004, S. 24): (a) im physiologischen System (Regulation von Atmung, Körpertemperatur, Kreislauf und Verdauung), (b) im motorischen System (Muskeltonus; Körperhaltung), (c) Schlaf/Wachzustände (verschiedene Erregungs- und Bewusstseinsniveaus) und (d) Aufmerksamkeit und soziale Zuwendung/Aufgeschlossenheit.

Insbesondere durch die »sensitive Responsivität« (Gutknecht, 2012; Remsperger, 2011) der Bezugspersonen erhält das Kind Rückmeldungen über die eigenen inneren Zustände und kann darüber zunehmend zur Eigenwahrnehmung und -regulation gelangen.

Es handelt sich also um einen interaktiven Prozess der *Ko-Regulation*, bei der zunächst die erwachsene Bezugsperson aktiver ist und nach und nach das Kind selbst aktiv und fähig wird, die inneren Zustände zu regulieren.

Wenn es Eltern (und Kleinkind) nicht gelingt, diesen Prozess zur Selbstregulation zu gestalten, so führt dies dazu, dass die Kinder eben nicht mit Unwohlseins-Zuständen, zum Beispiel mit Erregungen oder mit kleinen Wartezeiten, umgehen können. Sie wirken ungeduldig, können ihre Gefühle nicht regulieren etc. Es ist dann nötig, dass andere Bezugspersonen – wie pädagogische Fachkräfte in Schule und Kita – diesen Prozess der Entwicklung der Selbstregulation im 1:1-Kontakt nachholen.

Neben der Regulation geht es um die *Abstimmung von Affekten und Emotionen*. Dabei steht die Ausrichtung der Gefühle (Emotionen) – die Ausbildung unterschiedlicher Gefühlsqualitäten (Ärger/Wut; Ekel, Freude, Angst/Furcht etc.) – mit Unterstützung der Bezugspersonen im Vordergrund. Kinder lernen im Austausch mit der erwachsenen Bezugsperson, ihre Gefühle selbst wahrzunehmen, benennen zu können und zu differenzieren. Zunächst sind alle Gefühlszustände mit ähnlichen körperlichen Prozessen gekoppelt: Bei Wut, bei starker Freude, bei großer Angst sind die physiologischen Prozesse – wie beispielsweise die Veränderung des Pulsschlages, des Hautwiderstandes oder des Blutdrucks – sehr ähnlich. Kinder müssen mit Hilfe der Bezugspersonen lernen, wann die jeweilige Erregung ein Anzeichen für Wut oder Angst ist.

Wichtig sind dabei u. a. zwei Prozesse:

- *Soziale Rückversicherung*: Hiermit ist gemeint, dass sich Kinder bei Unsicherheit über den eigenen Gefühlszustand, z. B. Neugier vs. Furcht angesichts eines unbekannten Objekts, am Gefühlszustand der (erwachsenen)

Bezugsperson orientieren und diesen übernehmen. Dies geschieht in der Regel nonverbal und unbewusst.
* *Geteilte Aufmerksamkeit*: In Momenten geteilter Aufmerksamkeit sind Kind und Bezugsperson gemeinsam auf einen Punkt (kon)zentriert, beide sind innerlich präsent aufeinander und auf ein Objekt bezogen. Ein Symbol hierfür ist die ›Zeigegeste‹ des ›Da‹: Kind und Erwachsene*r deuten beide mit Finger und Arm gemeinsam auf einen Punkt/ein Objekt, dem sie beide ihre Aufmerksamkeit widmen.

Mit der zunehmenden Sprachentwicklung besteht die Möglichkeit zur *Symbolisierung* der Emotionen. Emotionen werden jetzt benannt und durch diese Form der Symbolisierung werden sie dem Bewusstsein zugänglich(er) und eben in sprachlicher Form kommunizierbar; zugleich differenziert sich auf diese Weise das Emotionswissen aus. Andererseits sind diese Symbolisierungen natürlich Einschränkungen des breiten Spektrums von Gefühlszuständen, damit sind immer – oft automatisch verlaufende – physiologische Prozesse, Bilder, Erinnerungen, Erfahrungen etc. verbunden. Die Symbolisierung erlaubt jetzt das bewusste Bearbeiten der Emotionen und ihrer Differenzierungen.

Die Entwicklungsabschnitte der Emotionsentwicklung sind in Tabelle 1 (S. 34 und 35) zusammengefasst.

In den Prozessen der Emotionsregulation und Affektabstimmung liegen starke Quellen für Entwicklungsstörungen: Die Bezugspersonen können beispielsweise die (emotionalen) Spannungen von Kindern nicht adäquat regulieren, sie also angemessen beruhigen oder anregen – dies kann dann zu einer dauerhaften ›fehlerhaften‹ Emotionsregulation führen, mithin zu einem interaktionellen ›Teufelskreis‹: Wenn das Kind die Erfahrung macht, dass seine Erregung bzw. innere Spannung nicht durch die oder mit der Bezugsperson reduziert werden kann, bleibt es in einem permanenten Spannungszustand, der durch Aktivitäten wie Schreien usw. aufrechterhalten wird. Dadurch steigen die Spannungen bei der (überforderten) Bezugsperson, es kommt zu negativen Emotionen, die die Unruhe beim Kind wiederum verstärken.

Die Unterstützung des Aufbaus adäquater Strategien der Affekt- bzw. Emotionsregulation kann durch eine professionelle Begleitung der Bezugsperson-Kind-Interaktion erfolgen oder durch die gezielte Förderung dieser Fähigkeit in pädagogischen Zusammenhängen.

2 Theoretische Grundlagen

Tab. 1: Entwicklungsabschnitte der Emotionsentwicklung

	Emotionsausdruck (nonverbal und sprachlich)	Emotionsregulation (innere und äußere Strategien im Umgang mit Erregung und Emotionen)	Emotionsverständnis und -wissen (Wissen über Auslöser bestimmter Emotionen bei sich und anderen)
1.–3. Monat	Lust/Unlust (Behagen/Unbehagen) wird mimisch und ganzkörperlich signalisiert, ab 4-6 Wochen: ›Basisemotionen‹: Freude, Interesse, Überraschung, Ärger, Traurigkeit und Angst		Anlächeln/zurückrücklächeln Differenziertes Erkennen von Tonlagen
4.–6. Monat	Freude wird gezielter durch Lachen; Angst durch Weinen ausgedrückt.	Daumenlutschen, Schaukeln	Gefühls›ansteckung‹; ›Mitweinen‹
7.–12. Monat	selektives Lächeln zu best. Personen; Angst vor Fremden	Zunehmend gerichteter Appell an Bezugspersonen; Übergangsobjekt: Kuscheltier; ›Ablenkung‹ körperlich	Differenziertes Erkennen der Gefühlszustände anderer; Differenzierung des eigenen Gefühlsspektrums im Abgleich mit anderen
2. Lebensjahr	Weitere Differenzierung des mimischen und gestischen Ausdrucks; soziale Rückversicherung; Beginn erster Zuordnung Worte – Gefühl (positiv – negativ Klassifizierung: lachen/lustig – traurig): Beginn des Erlernens der so genannten sekundären Emotionen (Stolz, Scham, Schuld und Neid).	Langsam zunehmende eigenständige Regulation; erstes Erfahren von Regeln bzgl. Emotionsausdruck	Erkennen, dass Emotionen innere Zustände sind, die einer Person zugehören (ggf. situationsunabhängig)

2.3 Erklärungsmodelle zum Verstehen von (herausfordernden) Verhaltensweisen

Tab. 1: Entwicklungsabschnitte der Emotionsentwicklung – Fortsetzung

	Emotionsausdruck (nonverbal und sprachlich)	Emotionsregulation (innere und äußere Strategien im Umgang mit Erregung und Emotionen)	Emotionsverständnis und -wissen (Wissen über Auslöser bestimmter Emotionen bei sich und anderen)
Ab ca. 3 ½ Jahren	Differenzierung des Wortschatzes entsprechend emotionaler Zustände; Differenzierung Empfindung – Kognition – Ausdruck; Unterscheidung zwischen Emotionserleben und -ausdruck → ›Manipulation‹	›Ablenkung‹ kognitiv	Verstehen der inneren Zustände anderer (Beginn Perspektivenübernahme); Beginn wirklicher Empathie; Beginnendes Wissen darum, dass Emotionen unterschiedliche Ursachen haben können »Egozentrische Empathie« (Wertfein, 2006): Vermischung eigener und fremder Gefühle, allmähliche Zunahme prosozialen Verhaltens (zunächst aus Sicht des eigenen emotionalen Erlebens)
4./5. Lebensjahr	Emotionen werden zunehmend deutlicher und differenzierter gezeigt (Zunahme Emotionsvokabular!) – dennoch bleiben ›Verwirrungen‹, mit denen das Kind noch nicht allein umgehen kann. Gefühle wie Stolz oder Neid werden deutlicher; Vortäuschen von Emotionen	Selbstberuhigungsstrategien werden erlernt und angewandt (z. B. Rituale wie ›tief durchatmen‹ oder ›Selbstgespräche‹); differenziertere kognitive Strategien und Aufmerksamkeitsablenkung (Phantasiewelt…); Gezielter Rückzug	Mehrdeutigkeit des Emotionsausdrucks anderer kann zunehmend besser erkannt werden (Fremdwahrnehmung!); Emotionen der Mitmenschen rücken ins Zentrum der kindlichen Betrachtungen

Der Aufbau emotionaler und kognitiver Perspektivenübernahme
(Mentalisierungsfähigkeit)

> »Empathie, d. h. das Vermögen, sich in andere Personen hineinversetzen zu können, ihre Gedanken nachvollziehen und ihre Gefühle identifizieren und nachempfinden zu können, ist eine wesentliche Voraussetzung für angemessenes Verhalten in zahlreichen sozialen Interaktionen. Empathische Fähigkeiten unterstützen unter anderem das Verständnis und die Akzeptanz von Menschen aus anderen Kulturkreisen oder sozialen Schichten, helfen Missverständnissen und Konflikten vorzubeugen und machen nicht zuletzt sensibler im Umgang mit Menschen, die Hilfe brauchen« (Aßhauer, Burow & Hanewinkel, 1999, S. 13).

Mitgefühl als Vorform von Empathie, »als eine Reaktion auf die Notlage und den Kummer einer anderen Person« (Ulich, Kienbaum & Volland, 2002, S. 113) kann schon im Alter von 24 Monaten beobachtet werden und führt zu Vorformen prosozialen Verhaltens. Wesentlich ist auch hier das Verhalten der Bezugspersonen als Vorbild und in der direkt erlebten Interaktion (ebd.).

Voraussetzung für das Entwickeln von Empathie ist die Fähigkeit zur Perspektivenübernahme. Die meisten Kinder sind mit einem Alter von zwei Jahren in der Lage zu erkennen, dass andere Menschen gleichfalls Wünsche haben, können diese aber noch nicht mit den eigenen Wünschen abgleichen oder in ein Verhältnis setzen. Untersuchungen zur Fähigkeit, die Perspektive anderer zu übernehmen, sich gedanklich in sie hinein zu versetzen (»Theory of Mind«, Premack & Woodruff, 1978), zeigen, dass die meisten Kinder die Fähigkeit zur Perspektivenübernahme erst mit etwa vier Jahren ausgebildet haben. Vorher sind Erwartungen, das Kind möge sich in jemand anderes hineinversetzen (»Du musst doch verstehen, dass Karl traurig ist, wenn du ihn schlägst«), nicht zu erfüllen.

Verbunden mit der Entwicklung der Fähigkeit Perspektivenübernahme ist die Mentalisierungsfähigkeit, die Fähigkeit, anderen Personen innere Zustände wie beispielsweise Wünsche und Intentionen zuzuschreiben und die eigenen Wünsche und Absichten hierzu ins Verhältnis zu setzen (Fonagy et al., 2004, 2004a; Taubner, 2015). Erst wenn die Mentalisierungsfähigkeit – regelhaft ab ca. fünf Jahren – ausgebildet ist, können Kinder sich selbst und andere als Wesen mit seelischen Zuständen verstehen und sich dadurch mit eigenen psychischen Zuständen und denen anderer befassen. Auch die Mentalisierungsfähigkeit entsteht in der Interaktion mit erwachsenen Bezugspersonen. Diese müssen die inneren Zustände des Kindes adäquat spiegeln und klare Rückmeldungen darüber geben – und selbst ein Vorbild darstellen, das über sich und seinen Bezug zu anderen reflektiert.

2.3 Erklärungsmodelle zum Verstehen von (herausfordernden) Verhaltensweisen

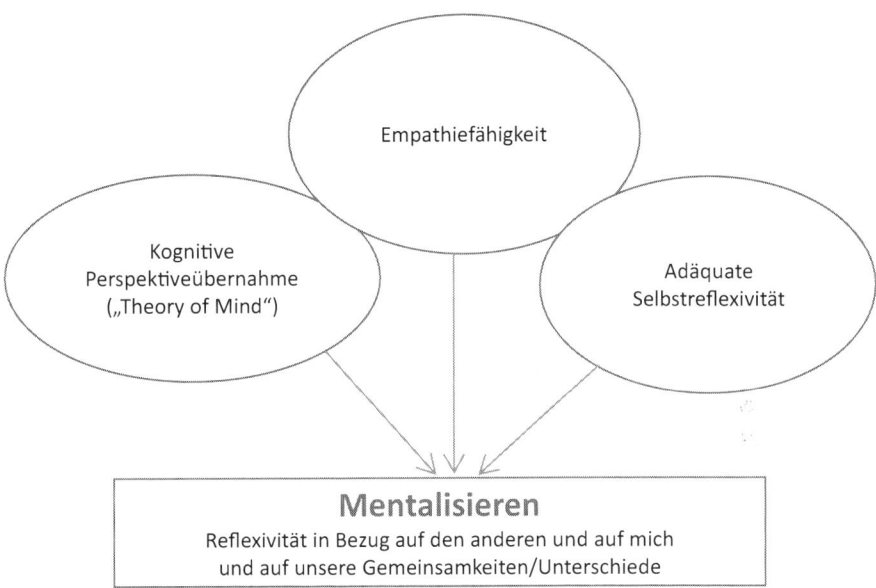

Abb. 6: Komponenten der Mentalisierungsfähigkeit

Das Erleben von Kontrolle und Selbstwirksamkeit

Entsprechend der Lebenserfahrungen, die ein Individuum insbesondere in den ersten Lebensjahren macht, »entwickelt es eine Grundüberzeugung darüber, inwieweit das Leben einen Sinn macht, ob Voraussehbarkeit und Kontrollmöglichkeit besteht, ob es sich lohnt, sich einzusetzen und zu engagieren [...] Diese lebensgeschichtlichen Erfahrungen führen zu bestimmten Erwartungen, in welchem Ausmaß dieses Grundbedürfnis befriedigt wird« (Grawe, 1998, S. 350). Kontrollerleben wird über (Beziehungs-)Erfahrungen von Regelmäßigkeit und Verlässlichkeit aufgebaut. Wenn das (kleine) Kind erlebt, dass seine Bedürfnisse und Äußerungen wahrgenommen und beantwortet werden und dass Abläufe, zum Beispiel beim Einschlafritual, weitestgehend gleichartig verlaufen, kann es auf kognitiver Ebene Verständnis für die Außenwelt entwickeln und entsprechende innerseelische Schemata aufbauen. Auf emotionaler Ebene entsteht ein Grundgefühl von Sicherheit.

Das Erleben von Kontrolle steht in engem Zusammenhang mit dem Erleben von Selbstwirksamkeit (»self-efficacy«, Bandura, 1995, 1997). Selbstwirksam zu sein heißt, aufgrund bisheriger Erfahrungen auf eigene Fähigkeiten und verfügbarer Mittel vertrauen zu können und davon auszugehen, ein bestimmtes Ziel auch durch Überwindung von Hindernissen am Ende tatsächlich erreichen zu können.

Eine große Bedeutung haben dabei die Erwartungen, ob das eigene Handeln zu Effekten führt oder nicht. Diese Erwartungen steuern schon im Vorhinein das Herangehen an Situationen und Aufgaben. Sie beeinflussen damit auch die Art und Weise der Bewältigung und führen so oftmals zu einer Bestätigung des eigenen Selbstwirksamkeitserlebens.

Selbstwirksamkeitserwartungen werden vor allem über direkte Handlungserfahrungen entwickelt: Wenn ein Kind die Erfahrung macht, dass das eigene Handeln zu Wirkungen führt – und es diese Wirkungen auf sich selbst zurückführen kann –, dann wächst die entsprechende Grundüberzeugung. Erfolge stärken die Erwartung von Selbstwirksamkeit und Misserfolge wirken sich entsprechend ungünstig aus.

Das Selbstwirksamkeitserleben wird gefördert durch Aufgabenstellungen und angemessene Rückmeldungen der Bezugspersonen. Kinder wollen gefordert werden – dazu müssen die Aufgaben und Herausforderungen aber in der je individuellen »Zone der nächsten Entwicklung« (Wygotsky, 1987) liegen. Anforderungen müssen, ggf. auch mit passgenauer Unterstützung, bewältigbar sein. Ebenso wichtig ist, dass Kinder (und Erwachsene!) Ermutigung zum Herangehen an Aufgaben, eine angemessene Rückmeldung über das positive Bewältigen und Trost und Reflexionsmöglichkeiten beim Scheitern erfahren können. Aus Fehlern, Niederlagen oder selbst empfundenen Versagenssituationen kann nur gelernt, wenn Perspektiven für ein neues Herangehen an ähnliche Herausforderungen entwickelt werden.

Fehlendes Kontroll- oder Selbstwirksamkeitserleben führt hingegen zu Stress und Angst (z. B. Jerusalem, 1990), zu verringertem Selbstwert-Erleben bis hin zu Gefühlen genereller Handlungsunfähigkeit.

Der Aufbau kognitiver Schemata und allgemeiner Problemlösekompetenzen

Auch »die kognitive Entwicklung ist kein passiver Prozess, sondern bereits der Säugling ist darauf aus, sich aktiv seine Umwelt anzueignen, seine vorhandenen Kern-Wissensbestände zu erweitern und Neues aus der Umwelt aufzunehmen« (Mischo, 2016a, S. 129). In dieser Auseinandersetzung mit der Umwelt werden Kategorien und später kognitive Schemata gebildet, die in hohem Maße miteinander vernetzt sind. Dieser Aufbau vollzieht sich systematisch und gleichfalls als »Prozess der Ko-Konstruktion« (ebd.) zwischen Kind und Bezugspersonen.

2.3 Erklärungsmodelle zum Verstehen von (herausfordernden) Verhaltensweisen

Daneben ist es bedeutsam, dass Kinder gezielte Problemlösekompetenzen aufbauen, die über das ›einfache‹ Versuch-Irrtum-Verhalten hinausgehen. Unter Problemlösekompetenz wird die Fähigkeit verstanden

a) Probleme analysieren zu können,
b) die eigenen, zur Lösung nötigen Mittel bzw. Fähigkeiten aktivieren zu können – und sich dazu ggf. Hilfe von anderen holen zu können,
c) diese Mittel einzusetzen und zu erproben,
d) zu überprüfen, ob der Mittel-Einsatz erfolgreich war und
e) im negativen Fall weitere Lösungsstrategien einzusetzen.

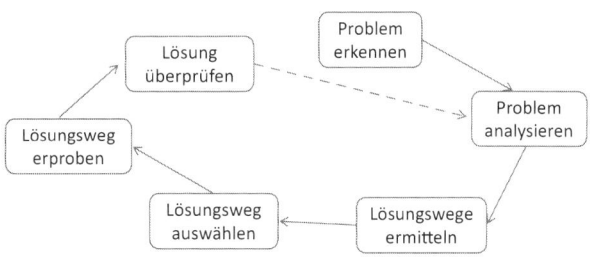

Abb. 7: Problemlösezyklus

Eine gute Problemlösefähigkeit zeichnet sich dadurch aus, dass der Mensch in der Lage ist, angemessene Entscheidungen besonders in herausfordernden oder gar belastenden Situationen zu treffen; er verfügt über ein breites Repertoire an Entscheidungsalternativen. Diese Entscheidungsalternativen können strukturiert gegeneinander abgewogen werden, Vor- und Nachteile der einzelnen Entscheidungen können differenziert und gewichtet werden. Diese Fähigkeiten entwickeln sich früh und in kurzen, einfachen Situationen: Zum Beispiel, wenn das Kind sich robbend bewegt, um an ein interessantes Objekt zu gelangen, wenn ein Turm gebaut wird etc.

Auch zum Aufbau der Problemlösefähigkeiten brauchen Kinder Bezugspersonen, die ihnen entsprechende Aufgaben stellen, sie beim Lösungsprozess unterstützen und mit ihnen über den Lösungsprozess sprechen. Fehlende Problemlösekompetenz führt dazu, dass Menschen schnell in den Notmechanismus des Versuch-Irrtum-Verhaltens verfallen, schnell Angst- oder Panik-Reaktionen zeigen – oder, um diese zu verdecken, schnell wütend werden – und dann gar nicht zu selbständigen Problemlösungen kommen. Wenn dies oftmals passiert, sollten die pädagogischen Fachkräfte kleinschrittig und in ruhigen Situationen die entsprechenden Kompetenzen bei den Kindern aufbauen.

Der Aufbau sozialer Kompetenz

Der Aufbau sozial kompetenten Verhaltens ist eine wesentliche Entwicklungsaufgabe des Kindesalters. Aus einer Vielzahl von Definitionen soll exemplarisch diese vorgestellt werden:

Unter sozialen Kompetenzen werden »Fähigkeiten und Fertigkeiten von Individuen und Gruppen [verstanden], die den sozialen Umgang zwischen diesen strukturieren, erleichtern und steuern« (Manns & Schultze, 2004, S. 53). Klassischerweise wird zwischen (a) der Verfügbarkeit und (b) der angemessenen Anwendung von sozial kompetenten Verhaltensweisen unterschieden: Es ist nicht sicher, dass eine Person, die beispielsweise über gute Kommunikationsfähigkeiten verfügt, diese dann auch entsprechend umsetzt. Unterschieden wird zwischen motorischen, kognitiven und emotionalen Verhaltensweisen; das Verhalten wird zudem auf einen Bewertungsmaßstab bezogen.

Lösel et al. (2007, S. 216) beschreiben folgende »Komponenten« der sozialen Kompetenz: »soziale Wahrnehmung, Informationsverarbeitung, Empathie, Emotionsregulation, Selbstkontrolle und Handlungsfertigkeiten«. Dabei umfasst die *Wahrnehmung und Interpretation sozialer Situationen* einen Prozess, der vom Erkennen von Verhaltensweisen über deren Interpretation zur Reaktionssuche, zur Reaktionsentscheidung und dann -umsetzung gekennzeichnet ist. Soziale Kompetenz basiert also auf einer möglichst unverzerrten Verarbeitung der Informationen in sozialen Situationen (Crick & Dodge, 1994).

Für die Entwicklung sozialer Kompetenz ist es – neben der Ausbildung der schon angesprochenen grundlegenden Faktoren, wie der Empathie oder positiver Selbstwirksamkeitsüberzeugungen – bedeutsam, dass die Fähigkeit zur angemessenen sozialen Informationsverarbeitung und die entsprechenden Verhaltensweisen in Kontakt und mit Unterstützung durch (erwachsene) Bezugspersonen erlernt werden können. Dazu bedarf es Vorbilder, die sozial kompetentes Verhalten zeigen: also Konflikte regulieren und Kompromisse schließen können, aber auch ihre eigenen Interessen angemessen vertreten. Ebenso müssen soziale Situationen ›erklärt‹ werden, ggf. Regeln und Grenzen so gesetzt werden, dass sie verstanden, akzeptiert und ggf. übernommen werden können.

Auch hier gilt: Wenn Kinder diese Kompetenzen in ihren bisherigen sozialen Umfeldern nicht erlernen konnten, so haben die Bildungsinstitutionen und die dort tätigen Fachkräfte einen entsprechenden kompensatorischen Auftrag.

2.3.2 Modell der seelischen Grundbedürfnisse[4]

Grawe (2004) hat auf der Grundlage einer Vielzahl von wissenschaftlichen Studien ein Modell entwickelt, das davon ausgeht, dass Menschen über elementare körperliche und seelische Grundbedürfnisse verfügen, die erfüllt werden müssen, um dauerhaft Lebenszufriedenheit und seelische Gesundheit zu erreichen. Wenn diese Grundbedürfnisse von Kindern und Erwachsenen nicht erfüllt werden, wehren sich Menschen und drücken dies mit ihrem Verhalten aus. Die fünf zentralen Bedürfnisse – in Erweiterung durch Fröhlich-Gildhoff (2016) – sind:[5]:

1. *Das Bindungsbedürfnis*: Kinder müssen das Gefühl erfahren, dass sie wertgeschätzt und anerkannt werden. Sie benötigen Bezugspersonen, die feinfühlig ihre Wünsche und Gefühlsäußerungen wahrnehmen, richtig interpretieren und dann prompt und angemessen beantworten. Auf diese Weise entstehen innere Abbilder von sicheren Bindungen, und das Kind kann selbstsicher anderen begegnen, auch kurzzeitige Trennungen verkraften. Das Eingehen auf das Kind, das ›Spiegeln‹ seiner Gefühlszustände und -ausdrücke führt dazu, dass sich Kinder selbst verstehen können und ihre Erregungszustände nach und nach selbst regulieren können. Wenn dieses Bedürfnis nach sicherer Bindung nicht angemessen befriedigt wird, werden sich Kinder (und später Erwachsene) in Beziehungen unsicher verhalten und auf verschiedene Weise, zum Beispiel durch übermäßiges ›Klammern‹ oder durch lauten Protest, ihre Not zeigen.
2. *Das Bedürfnis nach Weltaneignung und Exploration*: Kinder wollen von der ersten Lebensminute an die Welt ›erobern‹: Sie sind mit Energie ausgestattet, um zu erfahren, was außerhalb des eigenen Körpers passiert, sie wollen verstehen, welche Zusammenhänge es gibt, sie wollen ausprobieren/erforschen, was passiert, wenn sie selbst handeln. Im Besonderen, wenn das Bindungsbedürfnis ›gestillt‹ ist, tritt das Explorationsbedürfnis mit großer Kraft auf. Kinder brauchen erwachsene Bezugspersonen, die ihnen Gelegenheiten und Anregungen geben, die Welt zu erforschen. Diese Anregungen müssen in der »Zone der nächsten Entwicklung« (Wygotsky, 1987) des

---

4 Die Darstellung orientiert sich an Fröhlich-Gildhof, Rönnau-Böse & Grasy-Tinius (2020).
5 Diese Grundbedürfnisse weisen Ähnlichkeiten zum o. g. Bio-Psycho-Sozialen Modell auf. Dies ist nicht erstaunlich, dann die zugrundeliegenden Forschungsergebnisse weisen in die gleiche Richtung. Es kommt daher zum Teil zu Wiederholungen in der Darstellung.

Kindes liegen. Über- oder Unterforderung führt zu Unwohlsein und Stress – Kinder wehren sich dagegen.
3. *Das Bedürfnis nach Orientierung und Kontrolle*: Kinder müssen die Welt um sich herum verstehen. Dazu brauchen sie Regelmäßigkeit und Verlässlichkeit – in der Art und Weise, wie andere ihnen begegnen, aber auch in alltäglichen Abläufen und Rhythmen. Dann können sie Zusammenhänge verstehen und Sicherheit erleben. Sie können dadurch das Gefühl entwickeln, dass die Welt kontrollierbar ist; sie können sich darin orientieren. Die Erfahrung von Unregelmäßigkeit, Unzuverlässigkeit, Nicht-Erklärbarkeit und damit Unsicherheit führt gleichfalls zu Stress, der sich im Verhalten ausdrückt. Es kann bei vielfacher Erfahrung von Unkontrollierbarkeit beispielsweise dazu kommen, dass Kinder sehr genau auf die Einhaltung von Regeln und Abläufen beharren und Abweichungen sie maximal irritieren. Es kann aber auch dazu kommen, dass sich Kinder in sehr vielen Situationen vorsichtig und misstrauisch verhalten, angespannt sind, weil sie die Erfahrung gemacht haben, dass nicht klar ist, was als nächstes passieren kann.
4. *Das Bedürfnis nach Selbstwerterhöhung und Selbstwertschutz*: Aus den Erfahrungen von Sicherheit und dem erfolgreichen Bewältigen von Anforderungen entwickeln sich das positive Selbstwirksamkeitserleben und der Selbstwert. Kinder wollen wachsen und ihren Selbstwert erhöhen; auch Erwachsene sind in der Regel bemüht, positive Aspekte des eigenen Selbstwertes und -bildes zu sichern. Kinder wie Erwachsene wehren sich, wenn der Selbstwert bedroht wird, wenn Niederlagen oder Demütigungen erfahren werden. Manche Menschen können eigene Stärken und Ressourcen gar nicht (mehr) wahrnehmen oder benennen, auch Kinder sind manchmal grundsätzlich entmutigt, erleben sich als Versager*innen und trauen sich nicht zu, Neues zu lernen, neue Aufgaben anzugehen. Dann ist es wichtig, in kleinen Schritten selbstwertsteigernde Erfahrungen anzubieten und entsprechende Rückmeldungen zu geben. Manchmal ist das negative Selbstbild so stark, dass es identitätsprägend ist: Dann wird versucht, das eigene Bild als Versager*in zu sichern und es ist sehr aufwendig, hier neue, gegenteilige Erfahrungen anzubieten.
5. *Das Bedürfnis nach Lustgewinn und Unlustvermeidung*: Kinder (und Erwachsene!) wollen Erfahrungen, die Einschränkungen bedeuten oder schmerzhaft sind, vermeiden. Erwachsene haben einen längeren Erwartungshorizont; sie haben gelernt, dass manches, was kurzfristig wenig Spaß macht, wie das frühe Aufstehen, um zur Arbeit zu gehen, langfristig Erfolge (Gehalt) sichert. Je jünger Kinder sind, umso weniger können sie unmittelbare Bedürfnisse aufschieben und zeigen diese entsprechend. Dies bedeutet nicht, dass Kindern alle Wünsche jederzeit erfüllt werden müssen – allerdings muss

von den Erwachsenen verstanden und akzeptiert werden, dass Kinder enttäuscht und/oder wütend sind, wenn ihr momentanes Interesse (am Eis im Supermarkt) nicht aufgegriffen wird. Kinder sollten die entsprechenden Gefühle zeigen dürfen und sie sollten nicht dafür verurteilt oder gar bestraft werden, dass sie sich ärgern, ›bockig‹ sind, wenn ihnen der momentane Lustgewinn verwehrt wird.

Dieses Konzept der Grundbedürfnisse gibt eine gute Orientierung, um kindliches Verhalten, das als herausfordernd erlebt wird, als angemessenen und nötigen Protest gegen die Verletzung eines seelischen Grundbedürfnisses verstehen zu können. Es ist auf diesem Hintergrund möglich zu untersuchen, ob und welches der Grundbedürfnisse verletzt ist – und was man tun kann, damit diese Verletzung verringert wird. Wenn beispielsweise das Bindungsbedürfnis nicht gestillt ist und das Kind häufig ›Unsinn‹ macht, so geht es nur vordergründig darum, Aufmerksamkeit zu erlangen. Das Kind drückt eine tiefe Verzweiflung aus, sucht nach Sicherheit in Beziehungen, und es ist nötig zu planen, wie das Kind Beziehungssicherheit beispielsweise im Rahmen der Krippe erlangen kann. Das Ringen um Aufmerksamkeit ist ein Notsignal, nicht ein Zeichen von Unreife oder ›Machtspielen‹.

3

Praktische Grundlagen und Materialien zur Vorbereitung der Umsetzung des Vorgehens in Kindertageseinrichtungen

3.1 Die eigenen Werte kennen und verstehen – Grundlage für das professionelle pädagogische Handeln bei ›herausforderndem Verhalten‹

Geht es um die Auseinandersetzung mit herausforderndem Verhalten in Kindertageseinrichtungen, ist es zu Beginn für alle Teammitglieder entscheidend, sich im gesamten Prozess über die eigene Subjektivität bei der Bewertung von (kindlichem) Verhalten bewusst zu werden und diesen Aspekt mit in den Prozess der Auseinandersetzung einzubeziehen. Die Beschäftigung mit subjektiven Werten ist entscheidend, da sie es ermöglicht zu *verstehen*, warum einzelne Personen so ›allergisch‹ oder stark emotional auf bestimmte Verhaltensweisen reagieren, während andere entspannt damit umgehen können.

Jeder Mensch entscheidet in einem persönlichen Bewertungsprozess, der meist nicht bewusst abläuft, darüber, ob ein (kindliches) Verhalten als auffällig, anstrengend, also *abweichend* von bestimmten Normen, bewertet und in der Folge als herausfordernd erlebt wird. Maßgeblich dafür, welches Verhalten überhaupt auffällt oder als abweichend eingeschätzt wird, sind unsere *subjektiven Werte und Normen*.

Unter Werten bzw. Wertvorstellungen werden dabei Ziele, persönliche Einstellungen oder Eigenschaften verstanden, die als erstrebenswert beurteilt werden. Es geht um Kriterien, anhand derer Handlungen und Ereignisse beurteilt werden, aber auch Ziele, die Menschen erreichen möchten und die als handlungsleitende Orientierungen die Ausrichtung des Lebens bestimmen (Schwartz, 1996; Stein, 2013a). Als soziale Normen werden Regeln bezeichnet, die in bestimmten Gruppen eine gewisse Verbindlichkeit haben. Die individuellen Werte entwickeln sich im Lebenslauf, insbesondere in der Kindheit, in der Interaktion mit dem sozialen und kulturellen Umfeld und dessen Bedingungen (Stein, 2013b), insbesondere aber mit den für uns relevanten Bezugspersonen, also der Familie. Studien konnten dabei belegen, dass der elterliche Erziehungsstil eine große Rolle dafür spielt, inwieweit elterliche Werte von den Kindern übernommen werden (Allen, Hauser, Bell & O'Connor, 1994; Fend, Berger & Grob, 2009; Knafo & Schwartz, 2004). Dabei führt ein autoritativ-demokratischer Erziehungsstil (Baumrind, 1991; Stein, 2013a), bei dem ein warmes und wertschätzendes Klima vorherrscht, aber auch klare Regeln und Grenzen aufgezeigt werden, besonders dazu, dass die Werte der Eltern von den Kindern übernommen werden und sich Kinder seelisch am stabilsten entwickeln.

Wenn also, vereinfacht ausgedrückt, zum Beispiel Kinder in ihrer Familie und in ihrer sozialen Bezugsgruppe immer wieder in positiver Weise erfahren haben, dass Ehrlichkeit ein wichtiger Wert ist, und darüber nicht nur diskutiert wurde, sondern dieser Wert auch vorgelebt wurde, ist die Wahrscheinlichkeit hoch, dass sie sich auch selbst als Erwachsene mit diesem Wert identifizieren, ihn verinnerlichen. Das kann dazu führen, dass Verhalten, das als unehrlich bewertet wird, diesen Menschen besonders auffällt und in der Folge über diese Abweichung Emotionen, wie beispielsweise Ärger, auftreten.

Auf der anderen Seite ist die Wahrscheinlichkeit hoch, dass Menschen, denen Ehrlichkeit wichtig ist, versuchen – ob bewusst oder unbewusst – auch anderen Personen die Bedeutung dieses für sie wichtigen Wertes zu vermitteln.

Diese Prozesse wirken im Privatleben, sind aber als sogenannte handlungsleitende Orientierungen (Fröhlich-Gildhoff, Nentwig-Gesemann, Pietsch, Köhler & Koch, 2014; Pietsch, 2018) auch als Hintergrundfolie für das Handeln in der pädagogischen Praxis relevant.

Entscheidend für einen professionellen pädagogischen Umgang mit Verhaltensweisen, die herausfordern, ist die *Kenntnis und Reflexion* der eigenen Werte und Normen. Es muss bekannt sein, welche Werte und Normen persönlich wichtig sind (und im besten Falle auch durch einen biographischen Reflexionsprozess ansatzweise verstanden sein, warum), damit erkannt werden kann, weshalb bestimmte Verhaltensweise als herausfordernd erlebt werden. Somit sind pädagogische Fachkräfte gefordert, Biographiearbeit zu leisten (Cantzler, 2016).

Die Reflexion der eigenen Werte ermöglicht auf der einen Seite zu hinterfragen, inwieweit die eigenen Werte beispielsweise mit denen der Kolleg*innen und denen der Einrichtung, aber auch durch den Orientierungsplan und durch Gesetze (wie zum Beispiel Kinderrechte) vertretenen Werten und Normen übereinstimmen (Wihstutz, 2013). Gerade auch unter der Perspektive, dass auch die Kindertageseinrichtung neben und in Kooperation mit der Familie ein wichtiger Ort der Wertebildung für die Kinder ist, ist eine solche Reflexion notwendig (Erbes, Giese, Rollik & Deutsches Rotes Kreuz, 2013; Wihstutz, 2013).

Auf der anderen Seite ermöglicht diese Selbstreflexion, mit der eigenen emotionalen Beteiligung, die sich einstellt, wenn eigene Werte scheinbar nicht berücksichtigt werden, anders umzugehen. Ein Zurücktreten von der eigenen aktuellen Emotion wird durch den Reflexionsprozess angeregt. Dieser Schritt bietet wiederum die Möglichkeit, professioneller zu agieren.

> **Übung Biographiearbeit zu Werten und Normen**
> Nehmen Sie sich 20 Minuten Zeit – am besten mit dem ganzen Team – und beantworten Sie – zunächst jede*r für sich – schriftlich folgende Fragen. Drehen Sie gern auch die Reihenfolge um und starten mit der letzten Frage. Tauschen Sie sich danach im Team dazu aus.
>
> 1. Welche Werte/Normen sind Ihnen am wichtigsten?
> 2. Warum sind Ihnen besonders diese Werte/Normen wichtig? Welche Erfahrungen bzw. Erlebnisse haben Sie geprägt, dass Sie diese als bedeutsam empfinden? Wer war daran beteiligt?
> 3. Wenn jemand diese Werte und Normen nicht einhält, wie reagieren Sie dann?
> 4. Nennen Sie drei Werte/Normen, die Sie den Kindern auf ihrem Weg in die Gesellschaft mitgeben möchten! Begründen Sie für sich, warum es gerade diese sind!
> 5. Überlegen Sie sich ein Bespiel, in dem ein kindliches Verhalten Sie auf Grund Ihrer Normen herausfordert bzw. herausgefordert hat.

3.2 Handeln in der Akutsituation

Die Strategien in diesem Buch sind auf die Entwicklung langfristiger und nachhaltiger Strategien ausgerichtet, die nicht nur symptomorientiert schnelle und scheinbar einfache ›rezeptartige‹ Antworten geben wollen, sondern individuell und kindorientiert ausgerichtet sind. Dennoch gibt es im Alltag immer wieder Situationen, in denen Fachkräfte sofort agieren müssen, da sie Gefährdungen von Menschen, seien es Kinder oder Erwachsene, abwenden müssen.

Bei solchen Situationen kann von Akutsituationen oder Krisensituationen gesprochen werden. *Krise* meint hier eine Situation, »wenn ein Kind sehr deutlich seine Verzweiflung zeigt und für den Moment keine anderen Ausdrucksweisen als bspw. extrem und laut schreien, beißen, um-sich-schlagen oder sich ängstlich ›verkriechen‹ bzw. nicht-ansprechbar-Sein zur Verfügung hat« (Fröhlich-Gildhoff et al., 2019a, S. 100).

Es ist wichtig festzuhalten, dass Kinder mit solchen Verhaltensweisen ihre Not zum Ausdruck bringen und zudem zeigen, dass sie in dieser Situation über keine anderen Möglichkeiten verfügen, mit dieser Situation umzugehen.

Wenn sich solche Situationen häufen, also mehrmals in ähnlicher Konstellation vorkommen, ist es unumgänglich, sich systematisch mit ihnen auseinanderzusetzen. Hierfür empfehlen wir das in dieser Handreichung vorgestellte Vorgehen.

In diesem Kapitel soll es zunächst darum gehen, Strategien für diese konkreten Situationen aufzuzeigen.

Grundsätzlich gilt es zu berücksichtigen, dass in diesen Hocherregungssituationen bei Kindern und bei Erwachsenen das gesamte sympathische Nervensystem aktiviert ist, der Köper somit in Alarmbereitschaft versetzt ist, um (befürchtete) Gefahren in Form von Angriff oder Flucht abwehren zu können. Ein solcher Zustand ist in seiner höchsten Ausprägung zwar hilfreich, um sich beispielsweise gegen Säbelzahntiger oder andere Angreifer*innen zur Wehr setzen zu können oder vor ihnen zu flüchten, führt aber dazu, dass verbale Informationen nicht mehr adäquat verarbeitet werden können. Mit anderen Worten: In solch einem Hocherregungszustand kann nichts mehr gelernt oder reflektiert werden. Für das pädagogische Handeln ist dies eine relevante Information, denn sie unterstreicht, dass ein reflektierendes Gespräch zu diesem Zeitpunkt nicht hilfreich ist – erst, wenn eine Beruhigung eingetreten ist, ist dies sinnvoll.

Es wird hier, im Sinne einer systemischen Sichtweise, davon ausgegangen, dass ein solches krisenhaftes Verhalten den Endpunkt eines Prozesses darstellt, der sich in der Interaktion zwischen dem Kind und der Umgebung (Erwachsenen und Kindern) sowie weiteren Aspekten der Institution entfaltet.

Es gibt in diesem Verständnis also mehrere Schritte, einen *Weg* hin zu eskalierenden Situationen, und es sind dabei immer verschiedene Personen und Ebenen involviert. Bei solch einem Prozess kann auch von einer *Eskalation* gesprochen werden: vom Übergang eines Konfliktes in einen höheren Intensitätsgrad.

Diese Sichtweise ist erstens hilfreich, da sie darauf hinweist, dass eine Eskalation nicht zwangsläufig erfolgen muss. Stattdessen gibt es Möglichkeiten, auf dem Weg zu einer Eskalation ›auszusteigen‹. Es gilt also Möglichkeiten zu finden, die helfen, Frühwarnzeichen einer Eskalation zu erkennen und Maßnahmen zu ergreifen, damit es zu gar keiner solchen Hocherregungssituation kommt – also de-eskalierend zu wirken, um die Situation so zu beruhigen und entspannen.

Zweitens berücksichtigt diese Sichtweise, dass verschiedene Ebenen in die Eskalation involviert sind. Bei der Suche nach de-eskalierenden Strategien kann auf diesen verschiedenen Ebenen angesetzt werden.

Aus der Perspektive der frühpädagogischen Fachkräfte sollen hier drei Ebenen berücksichtigt werden und mögliche Strategien aufgezeigt werden. Dabei muss abermals berücksichtigt werden, dass es auch hier kein Rezept geben kann, da jede Situation so unterschiedlich ist wie die an ihr beteiligten Personen und Institutionen. Zudem gibt es auch keine Erfolgsgarantie: Menschen sind keine Maschinen und Interaktionen sind komplex.

Unterschieden wird zwischen de-eskalierenden Strategien

1. in der Begegnung mit dem Kind,
2. zum Umgang mit den eigenen Emotionen,
3. auf institutioneller Ebene.

Bei den Strategien gilt es auf allen Ebenen, möglichst frühzeitig zu agieren. Es sollte bereits ab dem Wahrnehmen erster Warnzeichen gehandelt werden, bevor ein Hocherregungszustand erreicht ist.

1) De-Eskalation in der Begegnung mit dem Kind

Generell kann das Handeln in Krisensituationen danach unterschieden werden, ob ein Kind sich eher externalisierend, also nach außen gerichtet, oder internalisierend, also zurückgezogen/auf sich bezogen, verhält.

Für beide Situationen gilt grundsätzlich, dass sie als Not-Reaktions-Situationen verstanden werden müssen. In der Begegnung ist es wichtig, das

Kind in seiner Not zu sehen, zu achten und ihm Sicherheit anzubieten. Dazu gehört zunächst, dem Kind auf Augenhöhe zu begegnen, sich also körperlich auf die Höhe des Kindes zu begeben. Ebenso bedeutsam ist es, mit ruhiger Stimmlage zu sprechen, um die in der Situation starken Gefühle nicht noch zu verstärken. Beim Sprechen sollte das Kind direkt angeschaut werden – es sei denn, es gibt Signale, dass ihm der direkte Blickkontakt Angst macht. Oft kann es helfen, das Kind (vorsichtig) zu berühren – aber auch dabei ist darauf zu achten, ob das Kind die Berührung ertragen kann und nicht in unangemessener Weise seine Grenzen verletzt werden.

Krisenhaftes externalisierendes Verhalten

Wenn ein Kind sehr stark erregt ist und die Bezugsperson den Eindruck hat, dass das Kind sich nicht selbst beruhigen und seine Handlungen sowie Impulse kontrollieren kann, muss sie angemessen auf das Kind eingehen und es – auch zur Vermeidung von Verletzungen bei sich und/oder anderen – beruhigen. Bei intensiven körperlichen Konflikten zwischen zwei Kindern oder wenn ein Kind ein anderes schlägt, beißt etc. muss zunächst eine Trennung, ein Schaffen von Distanz, erfolgen. Dies erfordert klare körperliche Präsenz, ein Dazwischen gehen (beispielsweise Arme ausbreiten) und das Herstellen von Abstand.

Kinder benötigen in solchen Hocherregungssituationen oft Halt, der auch durch Berühren, wenn nötig auch (Fest-)Halten gewährt werden kann. Dabei ist allerdings die körperliche Integrität des Kindes zu achten (kein brutales Umklammern). Oft hilft der mehrmalige Wechsel von Halten-Loslassen/Raumgeben-Halten. Wichtig ist die eindeutige Zentrierung der Bezugsperson auf das Kind (Anschauen, Blickkontakt, Ansprache etc.). Manchmal ist es sinnvoll, dem Kind Rückzugsmöglichkeiten anzubieten (ruhige Ecke, den Raum verlassen), es aber dabei nicht allein zu lassen. Das vorrangige Ziel ist De-Eskalation und Beruhigung – hier hilft oft beruhigendes Sprechen mit dem Kind. In der Regel nutzt es in Hocherregungssituationen nichts, pädagogische oder moralische Erklärungen zu geben, vom Kind zu erwarten, dass es Einsicht zeigt, sich in die Perspektive des anderen versetzen kann (»Du musst doch fühlen, dass es Peter weh tut, wenn du ihn beißt«). Selten wirken Strafandrohungen in Krisensituationen. Kognitive Prozesse sind in emotional aufgeladenen Situationen blockiert, ein Erlernen von Verhaltensänderung erfolgt in diesen Situationen nicht. Wichtig ist allerdings eine Nachbereitung der Eskalation in ruhigen Situationen – dann können beispielsweise auch Selbstregulationsfähigkeiten aufgebaut werden.

Bei ausufernden Konflikten zwischen zwei oder mehreren Kindern sollte ebenfalls der Konflikt im Nachhinein in ruhiger Umgebung altersgerecht bearbeitet werden. Es kann sein, dass im Konflikt eines der Kinder in der Opferrolle ist. Es ist dann nicht einfach, auf das stark agierende Kind und das angegriffene Kind gleichzeitig angemessen einzugehen. Hier ist es hilfreich, wenn eine zweite Person sich um eines der Kinder kümmert. Steht eine zweite Person gerade nicht zur Verfügung, ist die De-Eskalation vordergründig. Dann sollten beide Kinder abwechselnd Zuwendung bekommen: Das ›Opfer‹ benötigt Trost, das externalisierend agierende Kind benötigt Hilfe bei der Beruhigung.

Die von der Lerntheorie empfohlene Strategie des Ignorierens ist in Krisensituationen kontraproduktiv und führt in der Regel zur weiteren Eskalation.

Krisenhaftes internalisierendes Verhalten

Manchmal sind Kinder extrem ängstlich oder ziehen sich in eine eigene Welt zurück, sind kaum ansprechbar oder wirken wie versteinert oder eingefroren, ohne dass (zunächst) ein konkreter Grund ersichtlich ist. Manchmal sind diese Verhaltensweisen mit körperlichen Symptomen (Bauch-, Glieder- oder Kopfschmerzen) verbunden. Dieses stark internalisierende Verhalten stellt ein Anzeichen einer Krise dar: Das Kind zeigt eine seelische Not – auch wenn dies nach außen weniger leicht erkennbar ist oder weniger dramatisch wirkt.

Das bedeutet für die professionelle Bezugsperson, dass sie diese Not erkennen und angemessen unterstützend auf das Kind eingehen muss. Angst kann mit Erregung verbunden sein – dann geht es auch hier um Beruhigung. Grundsätzlich ist es nötig, zum Kind Kontakt herzustellen, es anzusprechen – aber nicht auszufragen. Oft können Kinder keine klare Auskunft über ihre inneren Zustände geben; das Fragen verstärkt die Angst oder das starke Unwohlsein. Wichtig ist, dem Kind zu signalisieren, dass man als Person da ist. Dazu sollte Nähe hergestellt werden, jedoch sollten auch hier die Distanz-Wünsche des Kindes sensibel erspürt und geachtet werden.

Krisen mit internalisierendem Verhalten dauern oft länger an als die nach außen gezeigten ›Gefühlsausbrüche‹. Dies bedeutet, dass die Bezugsperson Zeit zur Verfügung haben muss, um auf das betroffene Kind einzugehen – dies bedarf der Unterstützung weiterer Pädagog*innen, die die Aufgaben der Gruppenleitung übernehmen. Es kann auch eine gemeinsame Rückzugsmöglichkeit (Kuschelecke, anderer Raum) hilfreich sein, damit das Kind aus der Erstarrung ›auftauen‹ kann. Diese Maßnahmen sollen dazu führen, dass das Kind Sicherheit und Schutz erfährt.

2) De-Eskalation im Umgang mit den eigenen Emotionen

Selbstregulationsstrategien entwickeln

Grundlegend für de-eskalierendes Agieren in potenziell krisenhaften Situationen ist, über Strategien des Stress- und Ärgermanagements zu verfügen. Die Grundlage hierfür ist die biographische Selbstreflexion (s. Übung Werte und Normen), und eine regelmäßige Reflexion der eigenen pädagogischen Orientierung, Die hier aufgeführten Ideen sind praxisbewährt und entsprechen auch den Empfehlungen in anderen Kontexten, in denen immer wieder Krisensituationen bewältigt werden müssen (wie zum Beispiel in der Akutpsychiatrie, Steinert & Hirsch, 2019). Es geht darum, Emotionen wahrzunehmen und individuelle Emotionsregulationsstrategien zu entwickeln.

Generell ist es wichtig, die eigenen Gefühle wahrnehmen und benennen zu können.

Darüber hinaus muss auch bekannt sein, welche praktischen Verhaltensweisen helfen, sich von starken, eigenen negativen Emotionen zu distanzieren. Generell müssen solche Strategien schon vor der Krisensituation ausprobiert und eingeübt werden, um sie erfolgreich anwenden zu können. Hier sind beispielhaft einige Ideen für solche Strategien:

- Entspannungstechniken (z. B. Atemtechniken) einüben
- Aufmerksamkeitslenkung auf andere Aspekte (z. B. aus dem Fenster schauen)
- Ganz bewusst innerlich bis zehn zählen
- Humor: ganz bewusst auf die humorvollen Aspekte der Situation fokussieren, um eine andere Perspektive auf die Situation einnehmen zu können
- Innere Bilder: ein Bild für die eigenen Gefühle finden und versuchen, dieses Bild dann bewusst zu verändern, z. B. wie Wolken ziehen zu lassen
- Die Situation wie von außen zu betrachten oder als würde man sie im Nachhinein erzählen
- Ausgleich in der Freizeit schaffen: Generell ist es hilfreich, für genügend ausgleichende Aktivitäten in der Freizeit zu sorgen. Diese Selbstfürsorge stellt letztlich eine Grundlage für emotionale Stabilität dar.
- Empathie/Perspektivenwechsel: Das Einfühlen in die andere Seite, sich selbst daran zu erinnern, dass sich das Kind in einer Notsituation befindet, kann in der Situation helfen, sich von aufkeimenden Ärgergefühlen zu distanzieren.
- Ambiguitäts-Toleranz: Dieser Begriff meint die Fähigkeit, in Konfliktsituationen andere Positionen auszuhalten zu können. Die eigene Ambiguitäts-Toleranz zu schulen, kann in Krisensituationen helfen.

- Sich Unterstützung holen: Letztlich ist die Zusammenarbeit im Team die größte Ressource für den Umgang mit Krisensituationen. Das Bewusstsein darüber, sich jederzeit eine/n Kolleg*in dazu holen zu können, führt häufig zu einer großen Entlastung. Damit dies tatsächlich funktioniert, müssen allerdings vorher entsprechende Absprachen getroffen werden (s. u).

3) De-Eskalation auf institutioneller Ebene

Wenn gehäuft Krisensituationen mit *verschiedenen* Kindern auftauchen, sollte auch hier ein *systematisches* Vorgehen gewählt werden. Das ist als wichtiger Teil der Organisationsentwicklung anzusehen.

Generell sollten Akutsituationen immer im Team nachbesprochen werden. Dabei sollte reflektiert werden, wie die Situation entstehen konnte und an welcher Stelle es möglich gewesen wäre, zu de-eskalieren. Es sollte klar sein, dass nicht die einzelne Fachkraft, sondern das gesamte Team die Verantwortung für ein positives Krisenmanagement hat. Um das zu gewährleisten, sind ein regelmäßiger Austausch und ein gemeinsamer Einigungsprozess, wie mit Akutsituationen umzugehen ist, notwendig.

Dabei sollte seitens der Moderation darauf geachtet werden, dass es nicht um Schuldzuweisungen geht, sondern ein unterstützendes, wertschätzendes und lösungsorientiertes Klima herrscht.

Auf dieser Grundlage hat es sich in unserer Praxis weiter bewährt, ein Code-Wort zu vereinbaren, wenn man selbst in Krisensituationen abgelöst werden möchte. Um das zu gewährleisten, muss allerdings das ganze Team hierüber Bescheid wissen, und es sollte eine Einigung darüber erzielt werden, dass es kein Zeichen von Schwäche ist, sich bei einer schwierigen Situation Unterstützung zu holen – sondern im Gegenteil, ein wichtiger Teil professionellen Umgangs mit Herausforderungen darstellt.

Um ein systematisches Vorgehen zu gewährleisten, sollten Akutsituationen beobachtet und dokumentiert werden. Ähnlich wie beim Vorgehen beim individuellen Kind, das hier beschrieben ist, sollen Informationen darüber gewonnen werden, in welchen Situationen, mit welchen Kindern und Fachkräften und an welchen Orten diese Krisen auftauchen. So kann es beispielsweise sein, dass Krisen immer wieder bei Mikrotransitionen stattfinden, da diese meist unter Zeitdruck, auf engem Raum oder mit zu wenig Personal stattfinden und so für alle beteiligten Kinder und Fachkräfte Stresssituationen entstehen. Übergänge im Tagesablauf können gerade für Kinder, die ohnehin aus verschiedenen Gründen belastet sind, leicht überfordernd wirken. Darum sollten sie genau analysiert und wenn nötig, entzerrt werden. Wenn nach der Beobachtung in der Analysephase der Dokumentation eine solche Hypothese entsteht, wäre es an der Zeit zu reflektieren, wie diese Übergänge sinnvoller gestaltet werden könnten, um die Situation für alle Beteiligten zu entspannen. Dabei ist es durchaus auch angebracht, Tagespläne und Regeln zu hinterfragen, die scheinbar ›schon immer‹ so gehandhabt werden.

3.3 Fallbeispiel: Die Durchführung des Kreislaufs professioneller Begegnung mit herausforderndem Verhalten in der Kita »Das wilde Haus«

Anhand eines Fallbeispiels soll dargestellt werden, wie der Kreislauf in der Praxis eingesetzt werden kann. Dabei ist das im Folgenden dargestellte Fallbeispiel aus der Praxis entnommen, es ist bewusst *nicht* idealtypisch. Bewusst sind auch die Hypothesen und Handlungsplanungen nicht erschöpfend oder wissenschaftlich formuliert, sondern an das Arbeiten in der Praxis angelehnt. Es wird angegeben, welche Arbeitsblätter und Checklisten verwendet werden. Dabei ist es wichtig, dass die Analysefragen nicht vollständig beantwortet werden müssen, sondern zur Anregung dienen – Denkanstöße sein sollen –, um das Verhalten des Kindes besser verstehen zu können.

In der Kita »Das wilde Haus«, einer Kita mit Gruppenkonzept, wurde ein systematisches Vorgehen im Rahmen einer Fortbildung mit mehreren Terminen etabliert und das beschriebene Vorgehen konzeptionell festgelegt. Das Vorgehen greift immer dann, wenn sich eine Fachkraft belastet fühlt. Ob dies der Fall ist, wird bei der Teamkonferenz von der Leitung jedes Mal abgefragt. Ausgehend davon bringt die betroffene Fachkraft den Fall in die nächste Fallbesprechung ein.

Fallbesprechung I

In einer Fallbesprechung I, für die heute 20 Minuten eingeplant sind, bringt Frau Müller einen Fall ein, von dem sie sich zunehmend herausgefordert fühlt. Vorher hat sie bereits mithilfe von AB 1 (▶ Kap. 5) den Fall reflektiert. Ihre Belastung stuft sie bei 7 ein (bei einer Skala von 0 = *ganz entspannt* bis 10 = *so belastet, dass ich kaum noch handlungsfähig bin*).

Eine andere Fachkraft übernimmt bei der Fallbesprechung I die Moderation und überwacht die Zeit (▶ Kap. 5). Die Fallbesprechung I wird hier bewusst eher kurz gehalten (30 Minuten), da noch keine systematischen Beobachtungen stattgefunden haben. Eine dritte Fachkraft notiert Stichworte auf einem Flipchart. In dieser ersten Fallbesprechung werden zunächst nur Informationen gesammelt, es werden noch keine Hypothesen gebildet.

Nun hat Frau Müller zunächst Zeit, alles zu erzählen, was ihr wichtig ist; die Fallbeschreibung erfolgt also aus ihrer subjektiven Perspektive.

Folgendes berichtet sie über den Fall:

Janna ist 4;2 Jahre alt. Sie ist in der Einrichtung, seitdem sie zwei Jahre alt ist, Frau Müller ist seit einem halben Jahr ihre Bezugserzieherin. Janna ist ein lebendiges und fröhliches Kind, das oft in Bewegung ist. Dabei singt und schreit sie gerne. Sie rennt begeistert durch die ganze Kita, »wie ein Wirbelsturm«. Häufiger gehen dabei auch Gegenstände zu Bruch. Darüber lacht sie dann. Übergänge zwischen verschiedenen Situationen fallen ihr eher schwer, dabei braucht sie viel Begleitung, da sie sonst oft heftige Wutanfälle bekommt. Wenn man solche Situationen mit ihr danach in Ruhe besprechen möchte, rennt sie weg oder hält sich die Ohren zu.

Akute Situation

Rennend und schreiend kommt Janna an und wird von Frau Müller, ihrer Bezugserzieherin, in Empfang genommen. Janna will direkt frühstücken. Dabei hat sie Begleitung. Sie packt ihr Brot aus, beißt ab, rennt eine Runde, setzt sich wieder, springt dabei immer wieder auf. Die Fachkraft Frau Müller erinnert Janna: »Wenn du lieber rumrennen möchtest, packen wir doch dein Frühstück für später ein, denn beim Essen bleiben wir sitzen.« Als Janna mehrmals nicht reagiert, beendet Frau Müller das Frühstück. Daraufhin bekommt Janna einen Wutanfall: sie schlägt um sich, beschimpft und bespuckt Frau Müller und versucht die Tische umzuwerfen.

Solche Situationen haben sich in ähnlicher Form in den letzten Wochen mehrmals wiederholt, allerdings nicht an allen Tagen.

Frau Müller ergänzt, dass sie sich Janna gegenüber oft hilflos fühlt, da sie das Mädchen »wie ein Pulverfass« wahrnimmt. Besonders das Schlagen und Spucken belasten sie. Sie ergänzt, dass sie aufgrund ihrer eigenen Biographie Probleme damit hat, wenn Aggressionen so offen ausagiert werden – das war in ihrem Elternhaus nicht erwünscht.

Auf Nachfragen der anderen, die nach der ersten Vorstellung des Falles möglich sind, ergänzen Frau Müller und der zweite Gruppenerzieher, Herr Peit, Informationen zur familiären Situation des Mädchens und zu dessen Ressourcen und Stärken.

Aktuell lebt Janna allein mit ihrer sechs Jahre alten Schwester bei dem Vater. Dieser ist halbtags berufstätig als Koch.

Die Mutter leidet unter Depressionen und ist wegen dieser und weiterer psychischer Probleme seit drei Monaten in einer psychosomatischen Klinik. Einmal in der Woche gibt es einen begleiteten Kontakt zur Mutter. Janna ist das »Ein und Alles« der Mutter und hatte vorher einen sehr engen Kontakt zu ihr.

Eine (weitere) Stärke von Janna liegt darin, dass sie gut mit anderen Kindern in Kontakt kommen kann, wobei sie sich aber bei längeren Spielen leicht ablenken lässt.

Planung der Phase der systematischen Beobachtung (2. Teil der Fallbesprechung I) und Durchführung der systematischen Beobachtung

Auch wenn nun schon viele Informationen vorliegen, die zur Hypothesenbildung anregen, wird eine systematische Beobachtung durchgeführt, um die Situationen, in denen Janna wütend wird, aber auch die Situationen, in denen es ihr gelingt, sich gut zu regulieren, besser zu verstehen. Frau Müller, Herr Peit und Frau Frick, die mit den Kindern der Gruppe mehrmals pro Woche im Sportraum ist, bekommen zwei Beobachtungslisten (AB 3, ▶ Kap. 5). Die beiden Listen liegen mit einem Klemmbrett im Gruppenraum bzw. im Sportraum bereit.

Auf der ersten Liste beobachten die Fachkräfte Wutanfälle, definiert durch die konkreten Verhaltensweisen des Schlagens, Schimpfens und Spuckens.

Auf der zweiten Liste beobachten sie Sequenzen, in denen das Mädchen im positiven Kontakt mit anderen Kindern ist, um den Blick auch auf die Stärken des Mädchens zu richten.

Systematische Beobachtung

Die Beobachtungen (AB 3, ▶ Kap. 5) werden für zwei Wochen durchgeführt und dann in Fallbesprechung II ausgewertet.

Fallbesprechung II

Für die Fallbesprechung II (AB 5, ▶ Kap. 5) nimmt sich das Team nun 45 Minuten Zeit.

Das Ziel dieser Besprechung (▶ Kap. 5.2.1) ist es nun, die Informationen zusammenzutragen, anhand eines theoretischen Modells zu sortieren und Hypothesen zu bilden. Danach werden eine oder zwei Hypothesen, die besonders plausibel erscheinen, ausgewählt und darauf basierend eine erste Handlungsplanung erstellt. Zum Ende soll festgelegt werden, wann die Evaluation stattfindet – also wann überprüft wird, was sich gegegebenfalls geändert hat.

Wiederum übernimmt eine Fachkraft die Moderation und überwacht die Zeit, eine weitere notiert die Ergebnisse auf einem Flipchart.

Zunächst einmal werden die Ergebnisse der Beobachtung ausgewertet.

Tab. 2: Tabelle mit den Ergebnissen der Beobachtung

Datum/ Uhrzeit	Situationsbeschreibung	Wer war beteiligt?	Was war vorher?	Was war nachher?	Sonstiges
Beobachtungstabelle von Frau Müller: Wutanfälle					
Montag, 8.10., 8:30	Frühstücksituation, Janna kann nicht sitzen bleiben, als ich sie erinnere, schimpft und spuckt sie	Janna, Frau Müller	Papa hat sie in Eile gebracht, berichtet, am Sonntagnachmittag habe Janna die Mutter getroffen	Janna läuft weg und verkriecht sich in der Puppenecke. Nach fünf Minuten beginnt sie mit Herrn Peit zu spielen.	
Freitag, 12.10.; 8:30	Frühstückssituation, Janna beginnt zu schimpfen und andere Kinder »im Vorbeigehen« zu zwicken, ich ermahne sie, sie haut mich auf den Arm	Janna, Frau Müller, Petra (4 J.)	Papa hat sie in Eile gebracht	Janna zieht sich zurück in den Garten. Dort bleibt sie für 15 Minuten, bis sie Herr Peit holt und ein Sandspiel beginnt	Am Wochenende Treffen mit der Mutter
Montag, 15.10.; 8:30	Janna kommt sehr aufgeregt und schlecht gelaunt, bei der Frühstückssituation beginnt sie zu schimpfen, als ich ihr helfen will.	Janna, Frau Müller	von Papa gebracht, Wochenende war wohl schwierig	Janna rennt weg und weint, beruhigt sich selber und kommt ins Spiel mit anderen,	Papa berichtet, Treffen mit der Mutter sei »schwierig« gewesen
Beobachtungstabelle von Herrn Peit: Wutanfälle					
Keine	-	-	-	-	-

3.3 Fallbeispiel: Die Durchführung des Kreislaufs professioneller Begegnung

Tab. 2: Tabelle mit den Ergebnissen der Beobachtung – Fortsetzung

Datum/ Uhrzeit	Situationsbeschreibung	Wer war beteiligt?	Was war vorher?	Was war nachher?	Sonstiges
Beobachtungstabelle von Frau Müller: Spielen					
Montag, 8.10.; 14:00	Janna spielt nach der Mittagsruhe lange mit Laurin und Jannis in der Bauecke (1 Stunde)	Laurin, Janna	Mittagspause	–	wirkt ausgeglichen
Dienstag, 9.10., 15:00	Janna spielt 45 Minuten mit Carla, Konstruktionsspiel in der Bauecke	Carla, Janna	Lesezeit	Papa holt sie ab	
Beobachtungstabelle von Herrn Peit: Spielen					
Mittwoch, 10.10., 15:15	Rollenspiel mit Jannis	Jannis, Janna	Vorlesen mit Herrn Peit	–	
Donnerstag, 11.10., 13:00	Rollenspiel Jannis	Jannis, Janna	Mittagsruhe	–	

Frau Frick hat bei Janna im Sportraum keine Wutanfälle beobachtet. Sie hat notiert, dass Janna mit den anderen Kindern Laufspiele gemacht hat.

Auswertung

Das Team trägt zusammen, was ihm auffällt:

- Die schwierigen Situationen wurden eher am Wochenbeginn und vor dem Wochenende beobachtet
- Sie finden immer nach dem Bringen oder vor dem Abholen statt
- Frau Müller ist an den Situationen immer beteiligt gewesen.
- Herr Peit kann Janna gut beruhigen
- Mit Jannis kommt Janna gut ins Spiel. Mit ihm schafft sie es, lange Spielsequenzen zu gestalten.

3 Praktische Grundlagen und Materialien zur Vorbereitung der Umsetzung

Nun führen die Fachkräfte eine Mentalisierungsübung durch, um sich auf die Hypothesenbildung vorzubereiten.

Mentalisierungsübung vor der Hypothesenbildung

Zu Beginn führen sie dafür eine Mentalisierungsübung (AB 6, ▶ Kap. 5) durch, für die sie aus der Sicht des Kindes (in Ich-Form) sprechen, um sich so in das Kind und seine Perspektive hineinzuversetzen und so *hypothetisch* verbalisieren zu können, wie es dem Kind geht. Dabei gibt es kein Richtig und Falsch, jede*r kann einbringen, welche Emotionen sie oder er bei dem Kind vermutet.

Diese Übung führt dazu, dass oft eine sehr emotional-empathische Stimmung entsteht, die es erleichtert, sich auf die Suche nach konstruktiven Veränderungen im Sinne des Kindes zu begeben.

In Jannas Fall ergeben sich folgende Ich-Botschaften, die von den Fachkräften verbalisiert werden:

- Ich vermisse meine Mama.
- In der Kita will ich alles auf einmal machen.
- Nach dem Wochenende mit Mama bin ich immer sehr aufgeregt und weiß nicht, wo mein Platz ist.
- Es ist komisch, wenn ich die Mama am Wochenende getroffen habe, ich bin dann unsicher.
- Ich will gern schauen, was Frau Müller macht, wenn ich nicht höre.
- Wann sehe ich Mama das nächste Mal?
- Ich weiß nicht, warum sich alles um mich herum verändert.
- Frau Müller ist immer so streng, mag sie mich auch?
- Ich weiß nicht genau, wo mein Platz ist.
- Laufen und rennen tut mir gut.

Nach dieser Runde, die auch für Frau Müller hilfreich war, da sie ihre Empathie für Janna noch einmal geweckt hat, geht es an die Hypothesenbildung, die auf Wunsch von Frau Müller mit dem Modell der Seelischen Grundbedürfnisse durchgeführt wird.

Hypothesenbildung mit dem Modell der Grundbedürfnisse

Hier verwenden die Fachkräfte AB 8 (▶ Kap. 5). Die Leitfragen in dieser Phase der Fallbesprechung II lauten:

- Wo und wann werden die einzelnen Grundbedürfnisse des Kindes befriedigt: in der Kita, aber auch zuhause?
- Welche Grundbedürfnisse werden nicht befriedigt?
- Welche Grundbedürfnisse versucht das Kind durch sein Verhalten evtl. im Rahmen seiner Möglichkeiten zu befriedigen?

1. Bedürfnis nach Bindung und Beziehung
1) Hypothese: Jannas Bedürfnis nach Bindung und Beziehung ist nicht ausreichend befriedigt.
Begründung: Für Janna ist zuhause eine sehr wichtige Bindungsperson weggefallen, da sie die Mutter nur einmal in der Woche sieht. Zudem erschwert für Janna die mangelnde Schwingungsfähigkeit (durch die Depression) der Mutter mit ihr in einen guten Kontakt zu kommen. In der Kita ist nicht klar, ob es für sie wirklich eine Bindungsperson gibt; Herr Peit kann Janna gut beruhigen, aber es ist nicht klar, ob er für sie wirklich eine Bindungsperson geworden ist. Frau Müller hat selbst das Gefühl, dass sie zu Janna nicht wirklich eine enge Beziehung hat.

2. Bedürfnis nach Exploration und Weltaneignung
2) Hypothese: Jannas Bedürfnis nach Exploration und Weltaneignung ist ausreichend befriedigt.
Begründung: Janna beschäftigt sich in der Kita gern und ausgiebig mit verschiedenen Objekten. Der Vater ermöglicht ihr auch außerhalb der Kita in verschiedenen Settings, sich mit den Themen auseinanderzusetzen, die sie gerade interessieren.

3. Bedürfnis nach Orientierung und Kontrolle
3) Hypothese: Jannas Bedürfnis nach Orientierung und Sicherheit ist nicht ausreichend befriedigt.
Begründung: Durch den Aufenthalt der Mutter in der Klinik und somit dem (temporären) Verlust einer wichtigen Bindungsperson, fehlt Janna Orientierung und Sicherheit. Möglicherweise ist Jannas Bedürfnis auch schon lange nicht mehr richtig erfüllt, da die Mutter auch schon vor dem Klinikaufenthalt durch die Erkrankung sehr belastet war – ebenso wie das familiäre Umfeld, auch der Vater.

Möglicherweise fällt es dem Vater durch seine plötzliche Rolle als alleinerziehender und berufstätiger Vater schwer, den Alltag zu strukturieren.

In der Kita gibt es klare Strukturen, aber es ist nicht klar, inwieweit Janna diese wirklich schon verstanden hat und für sich nutzen kann. Gerade in den Übergangssituationen geben ihr diese nicht viel Halt.

4. Bedürfnis nach Selbstwerterhöhung:
Hier gibt es Uneinigkeit. Das ist auch in Ordnung, es ist bereichernd, wenn es verschiedene Ideen gibt. Die Hypothesen werden beide notiert, es gibt kein Richtig und Falsch.
4) Hypothese: Jannas Bedürfnis nach Selbstwerterhöhung ist ausreichend befriedigt.
Begründung: Den Fachkräften fallen einige Situationen ein, in denen der Vater ausgiebig und adäquat die Leistungen seiner Tochter würdigt. Auch Janna selbst kann gut verbalisieren, wenn ihr etwas gut gelungen ist.

Auch in der Kita bekommt Janna von den anderen Kindern und den Fachkräften häufig positive Rückmeldungen und kann diese gut annehmen.
5) Hypothese: Jannas Bedürfnis nach Selbstwerterhöhung ist nicht ausreichend befriedigt
Begründung: Frau Müller berichtet, dass Janna im Bewegungsraum schnell aufgibt und dabei schon häufiger gesagt habe: »Das schaff ich doch sowieso nicht«.

5. Bedürfnis nach Lustgewinn und Unlustvermeidung
6) Hypothese: Jannas Bedürfnis nach Lustgewinn und Unlustvermeidung ist ausreichend befriedigt.
Begründung: Janna hat zuhause viele Möglichkeiten, sich für sie spannenden Dingen zu widmen, die ihr Freude bereiten. Auch in der Kita »versinkt« sie in eigenen Spielen und Beschäftigungen und hat viele Möglichkeiten, sich mit dem zu beschäftigen, was ihr Spaß macht. Sie kann deutlich zeigen, wenn sie Freude an einer Tätigkeit hat. Das drückt sich auch darin aus, indem sie sich ausgiebig in Spielsequenzen mit anderen Kindern einbringen kann, wie auch die Beobachtungen zeigen.

Auswahl der Arbeitshypothese(n)

Nach der Besprechung wird klar, dass der Fokus für die Entwicklung der Handlungsschritte erst einmal auf die Hypothesen gelegt werden sollte, dass Jannas Bedürfnis nach Bindung und Beziehung sowie nach Orientierung und Kontrolle möglicherweise nicht ausreichend befriedigt sind (AB 9, ► Kap. 5). Hierüber besteht relativ große Einigkeit bei den Fachkräften.

Ziel der nun zu planenden Handlungsschritte ist, dass die beiden Grundbedürfnisse des Mädchens in Zukunft besser befriedigt werden (AB 10, ► Kap. 5).

Falls große Uneinigkeit darüber besteht, welche Hypothese gewählt werden sollte, wäre die Empfehlung, diejenige Hypothese auszuwählen, die der

Fachkraft, die den Fall eingebracht hat, am plausibelsten erscheint. Wichtig ist, festzuhalten, dass die anderen Hypothesen genauso eine Berechtigung haben. Die Notizen sollten deshalb unbedingt aufbewahrt werden.

Planung der ersten Handlungsschritte auf Grundlage der ausgewählten Hypothese

Die Leitfrage lautet hier:

- Was können wir – wenn wir davon ausgehen, dass unsere ausgewählte Hypothese der Grund für das herausfordernde kindliche Verhalten ist – tun, damit sich die Situation für das Kind verändert?

Im Fallbeispiel würde das bedeuten: Wenn davon ausgegangen wird, dass Janna mit ihren Wutausbrüchen zum Ausdruck bringt, dass ihr Bedürfnis nach Bindung und Beziehung sowie nach Orientierung und Kontrolle nicht ausreichend befriedigt sind, was können wir in der Kita nun tun, um diese Grundbedürfnisse des Kindes etwas besser zu befriedigen?

Ideensammlung zur Handlungsplanung

Es werden wieder Ideen für die Handlungsplanung gesammelt und notiert, bevor die Auswahl getroffen wird, welcher Plan verfolgt werden soll. Dabei ist alles erlaubt! Auch hier sollen zunächst möglichst viele Ideen gesammelt werden. Ganz bewusst findet erst nach dieser kreativen Phase eine Reduktion statt.

Berücksichtigt werden bei dieser Ideensammlung folgende Ebenen: Kind, Institution/Team, Eltern, andere Vernetzungspartner*innen (AB 10, ▶ Kap. 5).

Dabei sind die Ebenen Kind und Institution/Team hier teilweise gemeinsam aufgeführt, da zur Umsetzung im Team abgesprochen werden muss, wer die Aufgabe übernehmen würde.

a) Ebene: Beziehung zum Kind UND Institution/Team
   i. Janna braucht eine klare Bindungsperson in der Kita. Da Herr Peit ein gutes Verhältnis zu Janna hat und er auch mit den Wutausbrüchen gut umgehen kann, versucht er über regelmäßige und zuverlässige Zeiten am Tag, die er mit ihr verbringt und mit ihr spielt (15 Minuten nach dem Ankommen, 15 Minuten am Nachmittag), die Beziehung zu ihr zu vertiefen und zu festigen.

ii. Da die Frühstückssituation mit Frau Müller immer wieder explodiert und Herr Peit morgens um die Zeit noch nicht da ist, hat Frau Frick, die Janna ebenfalls gut kennt, die Idee, dass sie die Begleitung beim Frühstück an zwei Tagen die Woche übernehmen kann, um Janna und Frau Müller zu entlasten. Das wird mit Janna vorbesprochen.
iii. Mit Janna wird ein Plan gebastelt, in dem für sie der Tagesablauf visualisiert wird, um Sicherheit für sie zu schaffen.
iv. Mit Janna und anderen Kindern könnten passende Kinderbücher zum Thema Gefühle und vielleicht auch zum Thema psychisch kranke Eltern angeschaut werden.

b) Ebene Institution/Team
  i. Das Codewort, um aus Situationen »aussteigen« zu dürfen, wenn sie »zu viel« werden, wird nochmal bekräftigt: »Mexiko!«
  ii. Die Praktikantin bietet an, die nächste Zeit mehr in der Ankommenssituation zu unterstützen

c) Ebene Zusammenarbeit mit Eltern:
  i. Frau Müller könnte ein Gespräch mit dem Vater führen und ihm im Gespräch von Jannas Verhalten erzählen, fragen, ob er das kennt und darüber ins Gespräch kommen, ob er in dieser schwierigen Situation Unterstützung aus seinem Umfeld bekommt oder benötigt.
  ii. Dabei beispielsweise auf die Möglichkeit von Unterstützungsangeboten der Kinder- und Jugendhilfe zu sprechen kommen (z. B. Beratungsangebote, Haushaltshilfe, Sozialpädagogische Familienhilfe, Gruppen und Therapieangebote für Kinder psychisch kranker Eltern etc.).

d) Ebene Andere Vernetzungspartner*innen
  i. Kontakt zum Verein zur Unterstützung von Kindern psychisch kranker Eltern, um sich dort beraten zu lassen.
  ii. Kontakt zur Kinderpsychologin, um Janna darüber hinaus zu unterstützen.

Auswahl der Handlungsschritte

Nach der Sammlung entscheiden die Fachkräfte zusammen, welche Handlungsansätze sie umsetzen wollen, da klar ist, dass nur wenige Ansätze (ein bis zwei) verfolgt werden sollen, um sich nicht zu überfordern.

Die Wahl fällt dabei auf (a-i), (a-ii) und (c-i).

Es wird klar besprochen, wer für die Umsetzung zuständig ist: für (a-i) Herr Peit, (a-ii) Frau Frick und (c-i) Frau Müller.

Die Evaluation der Umsetzung der Maßnahmen erfolgt in der Teamsitzung in vier Wochen, Frau Müller, Frau Frick und Herr Peit bringen das Thema dann ein.

Fallbesprechung III: Evaluation

In der Fallbesprechung III berichten Frau Müller und Herr Peit, wie die Umsetzung gelungen ist.

Frau Müller erzählt, dass die Fallbesprechung sie sehr entlastet hat, und es ihr geholfen hat, sich die Jannas Situation noch einmal zu verdeutlichen. Die Frühstückssituation hat sich danach für sie viel besser »angefühlt«. Janna war zwar immer noch sehr aufgedreht, aber Frau Müller konnte mit ihr, nachdem sie nur sehr kurz gegessen hat, schnell den Übergang in eine Spielsituation gestalten. Frau Frick war leider zwei Wochen krank, so dass sie doch nicht für Frau Müller die Frühstückssituation übernehmen konnte; da es nun besser geklappt hat, wird dieser Handlungsschritt auch verworfen.

Sie hat zudem mit dem Vater in einem Tür- und Angelgespräch über die Situation gesprochen. Er war sehr offen und berichtete, dass seine Mutter, also Jannas Großmutter, ihn jetzt zweimal die Woche entlastet, was die Situation für ihn entspannt hat und es ihm ermöglicht, sich an diesen Tagen intensiver um die Kinder zu kümmern. Er findet es nicht so gut, wenn die Fachkräfte in der Kita mit Janna auch Kinderbücher zu dem Thema anschauen, damit Janna keine Sonderrolle in der Kita bekommt. Aber er will sich das Buch mit Janna zuhause ansehen. Er selbst überlegt, zu einer Selbsthilfegruppe zu gehen, da sich bei seiner Frau aktuell keine Änderung abzeichnet. Ob er dafür genügend Zeit hat, ist aber noch nicht sicher.

Herr Peit berichtet, dass Janna die Spielzeit mit ihm sehr genießt und auch einfordert. Mehrmals ist sie schon zu ihm gekommen, um sich trösten zu lassen. Frau Müller, die den Fall eingebracht hat, sagt, dass sie sich entlastet fühlt (Belastung ist nun bei einer 3), und dass sie den Fall wieder einbringt, wenn sich daran etwas verändert.

4

Der ›Ablaufplan‹: Systematische Begegnung mit herausforderndem Verhalten

Im Folgenden werden die im letzten Kapitel beschriebenen Schritte des Kreislaufs professionellen Handelns nochmals in Form eines Flussdiagramms dargestellt.

Dieser ›Ablaufplan‹ soll eine Orientierung geben, wenn sich ein oder mehrere Teammitglied(er) durch das Verhalten eines Kindes oder/und seiner Familie (besonders) herausgefordert fühlen. Es ist sinnvoll, alle beschriebenen Schritte zu durchlaufen. Die aufgeführten Nummerierungen geben Hinweise auf Materialien, die hinten abgedruckt sind.

Manchmal gibt es im Alltag Zeitdruck, Personalengpässe etc., sodass nicht jeder Arbeitsschritt in der vorgeschlagenen Ausführlichkeit bearbeitet werden kann und vor allem nicht jede Frage in den Checklisten beantwortet werden kann. Dies muss nicht den Erfolg der Anstrengungen zum Verstehen eines Kindes und seiner Verhaltensweisen und der daraus abgeleiteten konkreten Handlungsweisen infrage stellen. Wichtiger ist es aber, *jeden* der fünf Schritte in der aufgeführten Reihenfolge und Systematik durchzugehen und nicht nach »Abkürzungen« (vom Beobachten zum Handeln) oder »schnellen Rezepten« zu suchen. Hier soll noch einmal betont werden: Es ist zwar anstrengend, aber nicht tragisch, wenn nicht sofort Lösungen oder *die* wirkungsvolle Strategie gefunden werden. Pädagogische Arbeit ist immer mit einem mehr oder weniger hohen Maß an Ungewissheit verbunden – die eigenen Such- und Reflexionsprozesse erweitern das Verstehen des Kindes und zugleich die eigenen Kompetenzen.

Tab. 3: Ablauftabelle Kreislauf

Schritt	Praxis-Phase	Ziele	Arbeits-material	Kapitel
1) Beobachten	Vorbereitung durch die fallgebende Fachkraft	• Reflexion der eigenen Wahrnehmung	AB 1	▶ Kap. 5.1.1

	Fallbesprechung I	• Erstes Einbringen des Falls ins Team
		• Belastung der einbringenden Fachkraft: Dringlichkeit
		• Planung der systematischen Beobachtung
		  – Definition konkreter Verhaltensweisen (herausfordernde Verhaltensweisen und Ressourcen)
		  – Wer beobachtet?
		  – Wie lange?
		• Termin für Fallbesprechung 2
			AB 2	▶ Kap. 5.1.2

	Systematische Beobachtung	• Durchführung der systematischen Beobachtung (wie geplant)	AB 3 ggf. AB 4	▶ Kap. 5.1.3 ▶ Kap. 5.1.3
2) Analysieren und Verstehen	Fallbesprechung II	• **Zusammenführung gesammelter Informationen** • Einbezug vorhandener Instrumente (z. B. infans, Bildungs- und Lerngeschichten)	AB 5	▶ Kap. 5.2.2
		• **Einfühlen**	AB 6	▶ Kap. 5.2.3

Tab. 3: Ablauftabelle Kreislauf – Fortsetzung

Schritt	Praxis-Phase	Ziele	Arbeits-material	Kapitel
		• **Hypothesenbildung** anhand eines theoretischen Modells – Biopsychosoziales Modell – Modell der seelischen Grundbedürfnisse • **Auswahl** einer/zwei Hypothese(n)	 AB 7 AB 8 AB 9	 ▶ Kap. 5.2.4 ▶ Kap. 5.2.5 ▶ Kap. 5.2.6
3) Handlungsplanung	Fallbesprechung II	• **Handlungsplanung** – Sammeln von Ideen zur Handlungsplanung – Mögliche Ebenen: Kind, Institution/Team, Eltern, Andere – Verantwortliche Auswahl von ein/zwei konkreten Handlungsschritten – und Zeitplan festlegen: Wer macht was bis wann?	AB 10	▶ Kap. 5.3
4) Durchführung	Durchführungsphase	• Umsetzung des Plans in die Praxis • ggf. Dokumentation	AB 11	▶ Kap. 5.3
5) Evaluation	Fallbesprechung III	• Besprechung – Konnten Veränderungen umgesetzt werden? – Welche Veränderungen auf der Ebene des Kindes waren zu beobachten? – Wie hat sich der Grad der Herausforderung bei der Fachkraft geändert, die den Fall eingebracht hat? • Abhängig von den Ergebnissen: Start bei 1)	AB 12	▶ Kap. 5.6

5

Vorgehen im Detail mit Frage- und Checklisten

Im Folgenden finden Sie die Arbeitsblätter und Checklisten, die bei der Umsetzung des Kreislaufs professionellen Handelns in der Praxis hilfreich sein können. Die Fragen, die hier gestellt werden, sollen nicht umfassend beantwortet werden, sondern als Denkstöße helfen, unterschiedliche Sichtweisen anzuregen.

5.1 Beobachten

5.1.1 Reflexion der eigenen Wahrnehmung

Am Beginn jedes Begegnungs- und Handlungsprozesses steht das Wahrnehmen beziehungsweise Beobachten von Situationen und Verhaltensweisen. Wahrnehmungsprozesse sind niemals losgelöst von eigenen Werten und Prägungen. Deutlich wird dies auch darin, dass wir entscheiden, wohin wir unseren Blick richten und wie wir den Beobachtungsgegenstand auf Grundlage unserer Erfahrungen und individuellen psychischen Strukturen deuten und bewerten. Für den professionellen Umgang mit herausforderndem Verhalten ist somit die Reflexion eigener Wahrnehmungs- und Beurteilungsprozesse besonders bedeutsam.

AB 1: Reflexion der eigenen Wahrnehmung
Hilfreiche Fragen zur Reflexion der eigenen Beobachtungen für die Fachkraft, die sich herausgefordert fühlt

- Wie belastet fühle ich mich, auf einer Skala von 0 bis 10?
- Wie nehme ich das Kind im Alltag wahr?
- In welchen Situationen nehme ich das Kind als herausfordernd wahr?
- Weshalb verhält sich das Kind gerade in dieser Situation herausfordernd?
- Warum nehme ich das Verhalten als herausfordernd wahr?
- Was hat das wahrgenommene herausfordernde Verhalten mit mir zu tun?
- Welche meiner Normen, Werte und Prägungen können damit zu tun haben?
- Welche (wiederkehrenden) Muster kann ich in meiner Interaktion mit dem Kind erkennen?
- Wann nehme ich es *nicht* als herausfordernd wahr und was ist dann anders? (Einbezug der Situation, des eigenen Verhaltens usw.).
- Nehme ich auch die Stärken/Ressourcen des Kindes wahr?
- Wie nehmen meine Kolleg*innen das Verhalten des Kindes (in dieser Situation) wahr?
- Habe ich bereits in einer ruhigen Situation mit dem Kind über sein Verhalten gesprochen? Was ist seine Perspektive?
- Was könnte mir in der akuten Belastung helfen?

(modifiziert aus: Fröhlich-Gildhoff, Rönnau-Böse & Tinius, 2017, S. 90)

5.1.2 Gemeinsame Reflexion und Planung im Rahmen des Teams

> **AB 2: Struktur von Fallbesprechung I**
>
> - Ein/e Fallgeber*in, ein/e Moderator*in, ein/e Zeitwächter*in, ein/e Protokollant*in
> - Fallgeber*in stellt Fall vor → Sie/Er berichtet konkrete Beobachtungen, noch keine Hypothesen.
> - Berichtet von ihrer/seiner Belastung (Skala 0 = *gar nicht belastet* bis 10 = *sehr belastet*).
> - Was sind (je nach Alter) Eigendeutungen des Kindes?
> - Nachfragen sind möglich.
> - Andere Beobachtungen können benannt werden.
> - *Wenn Fachkraft akut entlastet werden muss, wird das hier besprochen.*
> - Planung systematische Beobachtung:
>   - Welche Verhaltensweisen werden von wem bis wann beobachtet?
>   - Wo liegen die Beobachtungslisten aus?
> - Terminplanung: Wann findet Fallbesprechung II statt?

5.1.3 Checkliste zur systematischen Beobachtung

Wenn ein Verhalten als herausfordernd erlebt wird, ist es wichtig, Zusammenhänge zu erkennen. Die Beobachtung sollte zielgerichtet sein, das bedeutet, das Verhalten

- über einen bestimmten Beobachtungszeitraum,
- in unterschiedlichen Situationen,
- von unterschiedlichen Personen,
- und unter einer ressourcen- und stärkenorientierten Perspektive

wahrzunehmen.

Dabei sollen in der Einrichtung vorhandene Beobachtungsverfahren (wie z. B. infans oder Bildungs- und Lerngeschichten) nicht ersetzt, allerdings spezifisch ergänzt werden.

Wichtige Fragen sind in diesem Zusammenhang (modifiziert aus: Fröhlich-Gildhoff, Rönnau-Böse & Tinius, 2017, S. 79):

- Wann habe ich das Verhalten als herausfordernd wahrgenommen?

- Was genau habe ich beobachtet?
- Wer war in der Situation beteiligt? (hier sollte auch der Einbezug der Gruppe erfolgen)
- Was war vor der Situation (z. B. kam Martin schon gestresst in die Kita? Was ist derzeit zu Hause los?)
- Was passierte danach?
- Sonstige Anmerkungen, z. B. unterschiedliche Beobachtungen des Kindes durch verschiedene Fachkräfte in der Situation, das Fehlen einer/eines Kolleg*in, Ressourcen in der Situation, sehr unruhige und chaotische Situation usw.

Diese Fragen werden am sinnvollsten mit Hilfe einer einfachen Beobachtungstabelle (AB 3) erhoben. Diese erfasst die spezifischen, als herausfordernd erlebten kindlichen Verhaltensweisen und sollte über einen Zeitraum von mindestens zwei Wochen verwendet werden.

Damit die Beobachtung gelingt, muss das zu beobachtende Verhalten klar definiert und deutlich von außen beobachtbar sein. Beobachtet werden kann also beispielsweise nicht »Aggressives Verhalten«, sondern »Beißen«. Beobachtet werden sollten also nicht mehrere Verhaltensweisen gleichzeitig, sondern es sollte spezifisch das aktuell am stärksten belastende Verhalten für die Beobachtung ausgewählt werden.

Um sich dabei parallel auch auf die Stärken des Kindes zu fokussieren, sollte (möglichst!) ein klar definiertes, als positiv bewertetes Verhalten des Kindes beobachtet werden. Auch hier gilt es, das Verhalten konkret zu beschreiben. Dazu kann dieselbe Beobachtungstabelle verwendet werden. Weiterhin kann auch mit der Übung Ressourcenprofil (s. AB 4) bewusst der Fokus auf die Stärken des Kindes gerichtet werden.

AB 3: Beobachtungstabelle

Name Kind:_____
Wer beobachtet:_____
Welches Verhalten:_____

Datum/ Uhrzeit	Situations- beschreibung	Wer war beteiligt?	Was war vorher?	Was war nachher?	Sonstiges

AB 4: Ressourcenprofil
Stichwortartige Kurzdokumentation

Ressourcenprofile basieren auf der stärkenorientierten, individuellen Beobachtung eines jeden Kindes und sind letztlich *stichwortartige Kurzdokumentationen*, die beispielsweise zwei Wochen lang einmal am Tag ausgefüllt werden können, um den Blick bewusst auf die Stärken des Kindes zu richten. Das ist gerade dann sinnvoll, wenn Kinder uns besonders herausfordern.

Dabei können verschiedenste Aspekte berücksichtigt werden.

- Welche Informationen hat das Kind heute besonders aktiv aufgenommen?
- Was ist dem Kind heute besonders gut/zum ersten Mal/unerwartet gelungen?
- Welche innovativen Ideen hat das Kind zur Thematik entwickelt?
- Wie ist es mit Herausforderungen und Schwierigkeiten umgegangen?
- Was hat mich heute positiv überrascht?

Die vorgestellten Fragestellungen bilden keinen abschließenden Beobachtungskatalog, sondern sind als Anregung zu verstehen, das Kind gezielt in seinen Stärken und Themen wahrzunehmen. Das heißt, es kann am Ende eines Tages durchaus ausreichend sein, nur eine der o. g. Fragestellungen auf das Kind anzuwenden oder einen gänzlich anderen, relevant erscheinenden Aspekt niederzuschreiben.

Stärken des Kindes hervorheben

Beobachten Sie (in Ihrem pädagogischen Alltag), über welche Stärken und Fähigkeiten ein Kind in Ihrem Umfeld verfügt. Notieren Sie diese. Versuchen Sie herauszufinden, ob auch in schwierigen Situationen mit dem Kind auf entsprechende Stärken zurückgegriffen bzw. angeknüpft werden kann. Wenn ja, auf welche?

Ressourcenprofil

Die (kontinuierliche) Erstellung von Ressourcenprofilen kann ein Instrument sein, das Kind in seinen Entwicklungsprozessen stärkenorientiert zu unterstützen und den Eltern in Entwicklungsgesprächen einen Blick auf die aktuellen Themen des Kindes zu eröffnen und Bearbeitungsmöglichkeiten anhand von dessen Ressourcen aufzuzeigen. Die Erstellung des Ressourcenprofils teilt sich in vier Phasen:

1. Brainstorming zu sämtlichen (versteckten) Stärken des Kindes
2. Brainstorming zu aktuellen Themen und Entwicklungsbedarfen des Kindes
3. Stärkenorientierte Reflexion: Wie können die Themen des Kindes anhand von dessen Stärken bearbeitet werden? (= Formulierung von Teilzielen)
4. Eröffnung von individualisierten Entwicklungsräumen: Auswahl eines Teilziels und Erarbeitung konkreter Angebote/Maßnahmen zur stärkenorientierten Förderung des Kindes über einen relevanten Zeitraum (= Umsetzung von Teilzielen)

5.2 Analysieren und Verstehen

5.2.1 Fallbesprechung II: Zusammentragen der Informationen, Analysieren und weitere Planung

Nach den nun durchgeführten systematischen Beobachtungen folgt eine weitere gesonderte ›Fall‹-Besprechung, die Fallbesprechung II.
Ziele dieser Fallbesprechung sind:

- Zusammentragen der gesammelten Informationen
- gemeinsame Analyse des Falles anhand eines wissenschaftlich fundierten Modells und Bildung von Hypothesen, also möglichen Erklärungen für das Verhalten des Kindes anhand des Modells
- Auswahl von einer oder zwei Hypothese(n)
- weitere Handlungsplanung auf mehreren Ebenen anhand der gewählten Hypothesen.

Diese anspruchsvollen Ziele erfordern eine klare zeitliche Struktur und Rollenaufteilung während der Fallbesprechung (s. dazu AB 5).
Es muss klar sein, wer diese Besprechung moderiert und wer protokolliert.
Dabei geht es *im ersten Schritt* nur um den Austausch der *Beobachtungen,* noch nicht um Erklärungen und Hypothesenbildung.
Besonders wichtig ist dabei die wechselseitige Achtung und Anerkennung möglicherweise unterschiedlicher Wahrnehmungen und Deutungen – die Verschiedenartigkeit ist eine große Chance zum Verstehen. Das Beharren auf einer ›Deutungshoheit‹ kann eine Auswirkung von Überfor-

derung oder Ausdruck von besonderer Belastung oder schwelenden Teamkonflikten sein.

Verschiedene Wahrnehmungen und Erklärungen, später auch Hypothesenbildungen können (zunächst) nebeneinander stehen bleiben und als Ausgangspunkt für weitere, vielleicht auch zeitgleiche Beobachtungen dienen.

Es ist bedeutsam, den Blick auch im Team auf die Stärken des Kindes zu richten, zu fragen, wer im Team eine gute Beziehung zu dem Kind hat.

5.2.2 Struktur der Fallbesprechung II

AB 5: Struktur von Fallbesprechung II

- Ein/e Fallgeber*in, ein/e Moderator*in, ein/e Zeitwächter*in, ein*e Protokollant*in
- Werten Sie die systematischen Beobachtungen aus:
  - Findet sich ein Muster, das Anhaltspunkte zum Verständnis für das Verhalten des Kindes bietet?
- ggf. Übung »Einfühlen«
- Entscheiden Sie sich für ein Analysemodell (Bio-Psycho-Soziales Modell oder Modell der seelischen Grundbedürfnisse). Analysieren Sie den Fall anhand eines Modells und bilden Sie so Hypothesen:
  - Viele!
  - Verschiedene Bereiche
  - Kein Richtig/Falsch
- Auswahl EINER oder maximal zwei Arbeitshypothese(n)
- Sammeln Sie Ideen, was auf der Basis der Hypothese konkrete Handlungsschritte sein können. Berücksichtigen Sie dabei die Ebenen:
  - Beziehung zum Kind
  - Team/Institution
  - Familie/Eltern
  - Andere
- Wählen Sie eine, maximal zwei Handlungsschritte aus, die umgesetzt werden sollen. Wer ist dafür verantwortlich? Was soll ggf. dokumentiert werden?
- Wann wird die Evaluation durchgeführt? Von wem auf den Tisch gebracht?

5.2.3 Bewusstes Einfühlen als Vorbereitung der Hypothesenbildung

Die zentrale Frage in diesem Schritt lautet: Warum verhält sich das Kind so, wie es sich verhält? Zur Beantwortung ist es einerseits wichtig, Modelle zur Erklärung der Verhaltensentstehung hinzuzuziehen (▸ Kap. 2.3).

Andererseits sind die Selbstdeutungen des Kindes zu berücksichtigen – dazu ist sinnvoll, mit dem Kind in einer ruhigen Situation das Gespräch zu suchen und nach dessen Eigendeutungen zu fragen (s. AB 6). Entwicklungspsychologisch gesehen sind Kinder im Kindergartenalter jedoch aufgrund ihres sprachlichen und kognitiven Entwicklungsstandes noch nicht in der Lage, ihre psychische und soziale Lebenssituation umfassend zu reflektieren und zu verbalisieren (ebenso wie dies übrigens, gerade in Krisensituationen, auch für Erwachsene eine echte Herausforderung darstellt und durchaus nicht immer gelingt), weswegen die Übung des Einfühlens oder Mentalisierens unterstützend für die Hypothesengewinnung in Bezug auf die Selbstdeutungen des Kindes ist.

Die Übung »Einfühlen« kann in die Fallbesprechung II eingebaut werden.

Es gibt bei dieser Übung kein Richtig und Falsch, es geht nicht darum, eine irgendwie geartete »Wahrheit herauszufinden«, sondern zu versuchen, sich in das Kind hineinzuversetzen und durch das eigene Einfühlungsvermögen weitere Deutungen zu erschließen, die das Kind so noch nicht benennen kann. Die Übung hilft, gerade wenn ein kindliches Verhalten sehr befremdlich wirkt oder wenn viel Ärger gegenüber dem Kind entstanden ist. Der Effekt ist häufig, dass eine sehr emotionale Atmosphäre entsteht, die dann viel Motivation dafür schafft, etwas für das Kind verändern zu wollen.

Die Übung kann auch mit einer Atem- oder Achtsamkeitsübung eingeleitet werden, sofern das Team dafür offen ist.

Wichtig ist, dass die Übung bewusst wieder beendet wird. Dafür können Hilfsmittel verwendet werden, aber auch ein klarer Satz (»So, dann beende ich die Runde, kommt alle wieder bei euch an«) ist möglich. Oft hilft es auch, einmal aufzustehen, den Körper zu schütteln und das Fenster zu öffnen.

Wichtig ist, dass alle die Möglichkeit haben, wieder in der eigenen Haut zu »landen« und sich wieder etwas zu distanzieren, um wieder die eigene professionelle Rolle einnehmen zu können, die für den weiteren Prozess nötig ist.

> **AB 6: Einfühlen oder Mentalisieren**
>
> - Die/der Moderator*in leitet die Runde ein und bittet alle, sich ganz bewusst das Kind vor Augen zu rufen und sich bewusst einzufühlen.
> - Es werden in der Runde Botschaften aus der Perspektive des Kindes formuliert; zum Beispiel mögliche Wünsche, Wahrnehmungen und Deutungen *aus der Sicht des Kindes*.
> - Die/der Moderator*in gibt noch einmal die Regeln vor:
>   - Es gibt kein Richtig und Falsch.
>   - Die Aussagen aller werden nicht kommentiert, sondern können so stehen bleiben.
>   - Alles bleibt in der Runde und wird nicht nach außen weitergegeben.
>   - Es wird konsequent in der Ich-Form formuliert.
>   - Jede*r kann, niemand muss etwas sagen.
> - Wenn niemand mehr etwas zu ergänzen hat, wird die Runde bewusst beendet (zum Beispiel mit einer Klangschale, einem Ausschütteln des Körpers, dem Öffnen des Fensters), alle dürfen zurück in ihre eigene Rolle.
> - Es wird gefragt, ob Bedarf für eine Reflexion besteht, um aufgekommene Eindrücke zu besprechen.

5.2.4 Verstehen und Hypothesenbildung auf der Grundlage allgemeiner Modelle der Verhaltensentstehung: das Bio-Psycho-Soziale Modell

Zunächst sollen zentrale Fragen aufgeführt werden, die helfen, das Verhalten eines Kindes anhand des Bio-Psycho-Sozialen Modells zu verstehen; zur Erinnerung ist dieses Grundmodell hier noch einmal abgebildet:

Ausgehend von den Ebenen des Bio-Psycho-Sozialen Modells lassen sich folgende Fragen zur Analyse des Verhaltens ableiten (modifiziert aus: Fröhlich-Gildhoff, Rönnau-Böse & Tinius, 2017, S. 37 ff.). Nochmals: Es ist kaum möglich, und auch nicht notwendig, für eine Hypothesenbildung alle diese Fragen vollständig zu beantworten. Sie geben dennoch Hinweise zur Bildung von Hypothesen über die Verhaltensentstehung – und sie geben Hinweise darauf, welche Informationen möglicherweise noch erhoben werden müssen/sollten.

5 Vorgehen im Detail mit Frage- und Checklisten

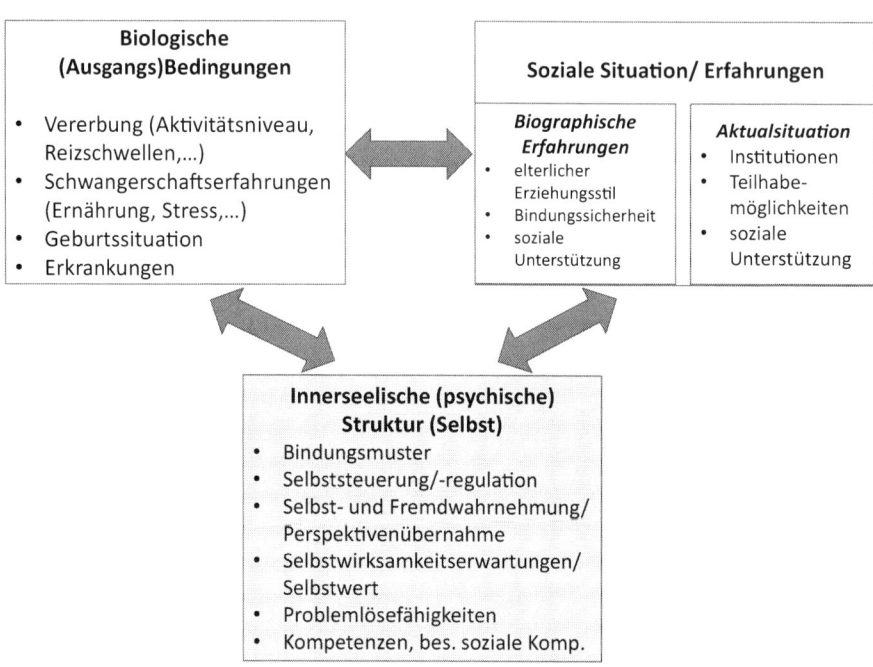

Abb. 8: Bio-Psycho-Soziales Modell (Wiederholung)

AB 7: Analysefragen Bio-Psycho-Soziales Modell

1. **Biologische Ausgangsbedingungen**
   1.1. Hinweise auf besondere Belastungen in der Schwangerschaft? Wenn ja: Welche?
   1.2. Hinweise auf das Aktivitätsniveau, mit dem das Kind geboren wurde? Wenn ja: Welche? Wie wurde damit umgegangen?
   1.3. Hinweise auf Komplikationen während der Geburt? Wenn ja: Welche?
2. **Soziale Situation (Geschichte)**
   2.1. Hinweise auf die Situation der Familie in den ersten beiden Lebensjahren?
      - Belastungen/Herausforderungen (Trennungen, Wohnortwechsel etc.)
      - Unterstützungsmöglichkeiten
      - Ressourcen
   2.2. Hinweise auf die Bindungsentwicklung in den ersten beiden Lebensjahren?

- Verfügbarkeit der Bezugspersonen?
- Innere Präsenz [Anwesenheit und Wachsamkeit] der Bezugspersonen?
- Hinweise auf feinfühlige Begegnung?

2.3. Hinweise auf den elterlichen Erziehungsstil? (konkrete Beobachtungen!)
- Dimension: Emotionale Unterstützung/Wärme
- Dimension: Kontrolle/Interesse, Lenkung

2.4. Soziale Unterstützung der Familie und des Kindes
- Soziale Einbettung vs. soziale Isolation (Großfamilie, Freunde, Bekannte, etc.)
- Familie
- Kind

2.5. Teilhabemöglichkeiten
- Finanziell
- Kulturell
- Körperlich
- Intellektuell
- Spezifische Ressourcen

3. Innerseelische Struktur (Selbst)

3.1. Hinweise auf Bindungsstil/-typ beim Kind

3.2. Entwicklungsstand der Regulation von Erregungen und Gefühlen (Ausprägung der Selbstregulation? Wie sehr? Wann?)

3.3. Entwicklungsstand der Differenzierung der Emotionen (»Breite« des Emotionsspektrums)

3.4. Stand der Fähigkeit, über den eigenen Gefühlszustand Auskunft geben zu können

3.5. Entwicklungsstand der Fähigkeit zur Perspektivenübernahme und Empathie (Mitschwingen, Mitfühlen, Hineinversetzen, Wünsche und Absichten erkennen)

3.6. Erleben von Kontrolle über Situationen (vs. Hilflosigkeit/Ohnmacht)

3.7. Selbstwirksamkeitsüberzeugungen (»Mein Handeln bewirkt etwas«)

3.8. Selbstwert

3.9. Entwicklungsstand der Problemlösekompetenzen (nur Versuchs-Irrtumsverhalten? Systematischere Problemlöseprozesse)

3.10. Entwicklungsstand der sozialen Kompetenzen. Ist das Kind in der Lage ...
- soziale Situationen wahrzunehmen (Informationsverzerrung?)?
- Konflikte einzuschätzen?

- Konflikte zu bewältigen?
- eigene Interessen/Selbstbehauptung adäquat durchzusetzen?
- sich Hilfe/Unterstützung in schwierigen Situationen zu holen?

4. Aktuelle Situationsbewältigung
  4.1. Umgehen mit besonderen Herausforderungen
  - Mutig angehen vs. vermeiden
  - Sich ermutigen lassen?
  - Sich unterstützen lassen?/Sich Hilfe holen können?
  - Umgehen mit »Scheitern«?

  4.2. Welche besonderen außerpersonalen Risiko- und Schutzfaktoren lassen sich identifizieren?

  4.3. Unterstützung durch andere (Eltern, andere Erwachsene, andere Kinder)?
  - Teilhabemöglichkeiten?

  4.4. Möglichkeiten und Spielräume der Institution (besonders, um auf das einzelne Kind und seine Bedürfnisse eingehen zu können)

5.2.5 Verstehen und Hypothesenbildung auf der Grundlage allgemeiner Modelle der Verhaltensentstehung: das Modell der seelischen Grundbedürfnisse

Auch auf Grundlage des Modells der seelischen Grundbedürfnisse – also der Betrachtung möglicherweise *nicht* befriedigter bzw. verletzter Grundbedürfnisse – lassen sich *Fragen* zur Analyse und zum Verstehen des Verhaltens eines Kindes stellen (modifiziert aus: Fröhlich-Gildhoff, Rönnau-Böse & Tinius, 2017, S. 44).

AB 8: Analysefragen Modell der seelischen Grundbedürfnisse

1. Bedürfnis nach sicherer Bindung
Leitfrage: Wo und in welchen Situationen wird das Bedürfnis des Kindes nach sicherer Bindung erfüllt?
- ... zuhause?
- ... bei uns in der Einrichtung?

Hilfsfragen:
- Wie reagiert das Kind in Trennungssituationen?

- Wie geht es auf Unbekannte zu (sehr viel – gar keine Vorsicht/ Distanz)?
- Gibt es Anzeichen dafür, dass das Kind viel Zuwendung braucht?
- Ist die Beziehungsgestaltung sehr schwankend?

2. Bedürfnis nach Weltaneignung und Exploration
Leitfrage: Wo und in welchen Situationen wird das Bedürfnis des Kindes nach Weltaneignung und Exploration erfüllt?
- ... zuhause?
- ... bei uns in der Einrichtung?

Hilfsfragen:
- Spielt das Kind gern (und ausdauernd allein)?
- Braucht es viel direkte Anwesenheit erwachsener Bezugspersonen?
- Zeigt es von sich heraus Interesse an neuen Dingen/Sachverhalten?

3. Bedürfnis nach Orientierung und Kontrolle
Leitfrage: Wo und in welchen Situationen wird das Bedürfnis des Kindes nach Orientierung und Kontrolle erfüllt?
- ... zuhause?
- ... bei uns in der Einrichtung?

Hilfsfragen:
- Wie sehr braucht das Kind klare Abläufe, Rituale...?
- Wie geht es mit »Abweichungen« davon um?
- Wie sehr braucht das Kind Rückversicherung durch Erwachsene?
- Kann das Kind Abläufe verstehen?
- Hat es einen Zeithorizont und kann sich auf entsprechende Erklärungen einlassen?

4. Bedürfnis nach Selbstwerterhöhung und Selbstwertschutz
Leitfrage: Wo und in welchen Situationen wird das Bedürfnis des Kindes nach Selbstwerterhöhung und Selbstwertschutz erfüllt?
- ... zuhause?
- ... bei uns in der Einrichtung?

Hilfsfragen:
- Wie äußert sich das Kind über sich und eigene Fähigkeiten?
- Kann es Erfolge, die es erlebt auf sich beziehen?
- Zeigt es Durchhaltevermögen bzw. gibt es Hinweise, dass es Neues wagen will, dazu lernen will?
- Wie geht das Kind mit kleinen Frustrationserfahrungen (Verlieren im Spiel, Nicht-Erreichen eines Ziels etc.) um?
- Wie wehrt es sich bei Beschämungen, Beleidigungen etc.?

> **5. Bedürfnis nach Lustgewinn und Unlustvermeidung**
> Leitfrage: Wo und in welchen Situationen wird das Bedürfnis des Kindes nach Lustgewinn und Unlustvermeidung erfüllt?
> - ... zuhause?
> - ... bei uns in der Einrichtung?
>
> Hilfsfragen:
> - Zeigt das Kind klar seine Wünsche?
> - Protestiert das Kind, wenn es etwas tun muss, was ihm nicht behagt/gefällt?
> Wie stark?
> - Wie gut lässt es sich beruhigen, wenn ein Wunsch nicht unmittelbar erfüllt wird?

Hier gilt ebenso, dass es kaum möglich sein wird, alle diese Fragen zu beantworten – sie geben dennoch Hinweise zur Bildung von Hypothesen über die Verhaltensentstehung und darauf, welche Informationen möglicherweise noch erhoben werden müssen/sollten.

5.2.6 Hinweise zur Bildung von Hypothesen zur Entstehung des Verhaltens des Kindes

In diesem Schritt, der im Rahmen einer kollegialen Fallberatung/-besprechung möglichst vieler Teammitglieder erfolgt, werden auf der Grundlage der Beobachtungen und der Verstehens-Schritte Hypothesen über die Verhaltensentstehung gebildet: Eine Hypothese im hier verwendeten systemischen Sinne ist eine »vorläufige, im weiteren Verlauf zu überprüfende Annahme« (Schlippe & Schweitzer, 2016, S. 204). Diese dienen als Grundlage für die konkrete Handlungsplanung.

Auch hier gilt: Besonders wichtig sind die wechselseitige Achtung und Anerkennung möglicherweise unterschiedlicher Hypothesen und Deutungen – die Verschiedenartigkeit ist eine große Chance zum Verstehen.

Verschiedene Hypothesen können (zunächst) nebeneinander stehen bleiben, sollten auf jeden Fall dokumentiert werden (Protokoll).

Dabei geht es (zunächst) nicht darum, die *eine* richtige Hypothese zu finden, sondern durch eine Vielfalt von Hypothesen auch zu einer Vielfalt von Perspektiven und Möglichkeiten zu gelangen, die dann weiter auf Nützlichkeit und neue Möglichkeiten hin überprüft werden können. Die Bedeutsamkeit einer Hypothese misst sich also nicht an ihrem Wahrheitsgehalt, sondern an ihrer Nützlichkeit für die Erweiterung der Sichtweisen und Handlungsalternativen. Daher können erst einmal *alle* Ideen zur Entstehung des Verhaltens gleichberechtigt nebeneinander stehen bleiben; erst später werden sie gewichtet und geordnet.

Als *Grundlage für die Bildung der Hypothesen* dienen:

- die systematischen Beobachtungen
- das Verstehen des Verhaltens aufgrund eines oder beider Erklärungsmodelle. Hier kann die Beantwortung der Fragen/Checklisten hilfreich sein
- Informationen über das spezifische Kind, seine Entwicklung, die aktuelle Familiensituation etc.
- das Einfühlen in das Kind (Betrachten der Lebensbewegungen des Kindes aus der ›Ich-Perspektive‹: Die Teammitglieder beschreiben aus der Perspektive des Kindes (in der Ich-Form), was das Kind erlebt, wie es dem Kind geht, wie es sich fühlt, was es braucht ...)

Beispiele für Fragen, die zur Hypothesenbildung anregen:

- Welche guten Gründe könnte A haben, dass sie/er sich auf diese Weise verhält?
- Wer könnte noch Interesse haben, dass sie/er sich so verhält?
- Welchen Nutzen hat A aus dem Verhalten/Leiden?
- Wer könnte außerdem Nutzen daran haben?
- Was, wäre wenn ... ?
- Nur mal angenommen ...

Hinweise zur Formulierung der Hypothesen

- Eine Hypothese sollte so formuliert werden, dass Sie alle Mitglieder eines Systems einschließt.
- Sie sollte in Frage- oder Möglichkeitsform geäußert werden.
- Phantasie und Kreativität sind erwünscht, Absurdes darf formuliert werden.

Die Hypothesen zu Verhaltensentstehung sollten konkret formuliert sein. Beispiel: »Marius sucht durch seine Unruhe und ›Herumspringen‹ im Morgenkreis besondere Zuwendung durch die erwachsenen Bezugspersonen. Er hat diese Zuwendung und zugrundeliegende Beziehungs- (oder sogar Bindungs-)Sicherheit vermutlich bisher nicht in ausreichendem oder nur wechselvollem Maß erhalten. Weil sein Bindungsbedürfnis vermutlich nicht gestillt ist, sucht er nach Kontakt und Bindungssicherheit. Erst wenn er diese erfährt, kann er sich auf Anderes/Neues einlassen (Explorieren)«.

Es ist im Prozess der Hypothesenbildung weiter wichtig, Ressourcen und Stärken des Kindes zu sehen (»Marius kann [noch] zeigen, dass er Zuwendung braucht«; »Wenn Marius alleine mit der Bezugserzieherin spielt, fühlt er sich sichtlich wohl – er braucht offensichtlich diese 1:1 Situationen«).

Hypothesenauswahl, Arbeitshypothese

Wenn (viele) Hypothesen formuliert sind, ist es wichtig, eine oder zwei auszuwählen, die dann die Grundlage für die Handlungsplanung bilden. Auch dies kann zu Konflikten unter den Beteiligten führen. Es geht nicht darum, die ›richtig(st)e‹ Hypothese auszuwählen – die Entscheidung hierüber ist oft schwer. Hilfreicher ist es, die Auswahl nach einer Arbeitshypothese oder auch ›Lieblingshypothese‹ zu strukturieren. Hier können auch Kriterien wie Machbarkeit, Dringlichkeit oder Erfolgswahrscheinlichkeit von Bedeutung sein. Wenn beispielsweise schon früh klar ist, dass es die Eltern nicht schaffen, ihr Verhalten gegenüber dem Kind zu ändern, so sollte eher geschaut werden, welche Bedingungen im Rahmen der Kita(gruppe) geschaffen werden können, um dem Kind Halt und Orientierung zu geben.

(Vorläufiger) Abschluss der Hypothesenbildung

Die ausgewählte(n) Hypothese(n) führen zur Planung konkreter Handlungsschritte, die dann realisiert werden (s. nächstes Kapitel). Die Ergebnisse der Umsetzung dienen zur Überprüfung – zur Bestätigung oder zum Verwerfen – der Hypothesen.

AB 9: Auswahl der Arbeitshypothese
Wir haben folgende Hypothesen:

-
-
-
-
-
-

> Für das weitere Arbeiten wählen wir folgende Hypothese als Arbeitshypothese(n) (maximal zwei) aus, aufgrund derer wir unsere Handlungen planen:
>
> -
> -

5.3 Handlungsplanung

Vorbemerkung

Bei allen Planungen gilt die *Grundregel*: Planen Sie nur das, was realistisch umzusetzen ist. Sonst ist die Gefahr des Misserfolgs und der Überforderung groß!

Dies bedeutet, dass auch nur wenige weitere Schritte geplant werden und die eigenen (Belastungs-)Grenzen geachtet werden sollten.

Die Handlungsmöglichkeiten der pädagogischen Fachkräfte sind abhängig von

a) den Ressourcen in der jeweiligen Einrichtung und im Team
b) der Kompetenz der Fachkräfte
c) der Stärke der Verhaltensweisen
d) der Bereitschaft der Eltern zur Mitarbeit

Abhängig von diesen Kriterien können gezielte Interventionen abgesprochen werden oder/und eine weitere Unterstützung durch andere Institutionen eingeleitet werden. In der Regel wird auch hierbei ein abgestimmtes Handeln von (therapeutischer) externer Institution, Eltern und pädagogischen Fachkräften in der Kita nötig sein.

Grundlage für die Planung sind die Erkenntnisse aus der Analyse und die ausgewählten Verstehens-Hypothesen (AB 9).

Bei der Planung ist es wichtig, möglichst präzise die nächsten, wenigen Schritte und die Verantwortlichkeiten festzulegen.

Die unterschiedlichen Planungsebenen und damit zusammenhängende, orientierende Fragen sind die pädagogische Begegnung mit dem Kind, die Abläufe in der Institution und im Team, die Begegnung mit den Eltern sowie die Kooperation mit weiteren Institutionen.

AB 10: Analysefragen zur Planung der Handlungsschritte
(1) Die pädagogische Begegnung mit dem *Kind*
- Wie soll der Kontakt – die grundlegende Begegnung – mit dem Kind aufgrund der Analyse gestaltet werden?
- Durch welche konkreten Verhaltensweisen in welcher Situation können wir das Kind unterstützen? Was braucht das Kind von uns? Durch welche Verhaltensweisen können wir ihm geben, was es braucht?
- Wer übernimmt dazu welche Aufgabe? (Braucht sie/er dazu an anderer Stelle Entlastung? Was braucht die einzelne Fachkraft, um ihr Verhalten ändern zu können?)
- In welchem Bereich soll das Kind zusätzliche Unterstützung/Förderung erfahren? Wer ist dafür verantwortlich?
- Wie können die Ressourcen/Stärken des Kindes gestärkt werden? Wer ist dafür verantwortlich?
- Wie ist Position/Rolle des Kindes in der Klasse/Gruppe positiv zu festigen?
- Wie und durch wen kann die besondere Situation des Kindes den anderen Kindern erklärt/transparent gemacht werden?

(2) Die Abläufe in der *Institution/im Team*
- Welche besondere Unterstützung/Schutz benötigt das Kind?
- Wie sind die Abläufe der Institution/Gruppe (z. B. Essenssituation) entsprechend zu gestalten, damit sie das Kind weniger belasten?
- Wer ist dafür verantwortlich?
- Wer stützt die hauptverantwortliche Fachkraft? Wie?
- Welche Rituale in der Kita/Gruppe können das Kind stützen – oder werden für zu Stress-Situationen?

(3) Die Zusammenarbeit mit den *Eltern* und ggf. weiteren Bezugspersonen
Bei der konkreten *Planung des Kontakts*, i. d. R. des nächsten Gesprächs (›Krisengespräch‹) mit den Eltern, sollte geklärt werden:
- Wer führt ein orientierendes Gespräch mit den Eltern?
- Welches sind die kurz- und langfristigen Ziele?
- Was wollen wir von den Eltern erfahren? Was wollen wir den Eltern kommunizieren?
- Wie können Missverständnisse und Kränkungsspiralen vermieden werden?

(4) der Einbezug *des weiteren Umfeldes* und ggf. von ›Spezialdiensten‹ (Vernetzung)
Planungsfragen zum Einbezug des Umfeldes sind:

- Sollen das weitere Umfeld oder Spezialdienste (Zeitpunkt) einbezogen werden?
- Wie könnten diese hilfreich sein? Durch welche Maßnahmen von außen könnten wir uns Unterstützung holen? Welche Dienste könnten uns hierbei behilflich sein?
- Wer nimmt ggf. eine anonyme Fallberatung/Supervision in Anspruch?
- Wer stellt den Kontakt zu ›Spezialdiensten‹ (Frühförderung, Sozialpädiatrisches. Zentrum, Erziehungsberatung etc.) her, wenn die Eltern einverstanden sind?
- Wer informiert ggf. weitere Personen aus dem Umfeld des Kindes (Sportverein etc.), wenn die Eltern einverstanden sind?

Noch einmal zum *Abschluss*:

Planen Sie nur *die* Veränderungsschritte, die realistischerweise umzusetzen sind – bzw. stellen Sie einen Zeit-/Stufenplan auf, ansonsten entsteht Enttäuschung. Es empfiehlt sich, sehr detailliert zu planen und diese auch präzise zu dokumentieren:

- Welche Zeiträume stehen für die verschiedenen geplanten Schritte zur Verfügung?
- Wann erfolgt eine Besprechung der Umsetzung?
- Wer trägt Verantwortung für die Steuerung des Gesamtprozesses?

Die Planungsschritte sollten in übersichtlicher Form klar protokolliert/dokumentiert sein (beispielsweise mit AB 11).

AB 11: Planung der Handlungsschritte			
Ebene	**Handlungs-Schritt**	**Verantwortlich**	**Zeitrahmen**
Kind			
Institution/Team			

5 Vorgehen im Detail mit Frage- und Checklisten

AB 11: Planung der Handlungsschritte			
Ebene	**Handlungs-Schritt**	**Verantwortlich**	**Zeitrahmen**
Eltern			
Andere/ Vernetzung			

5.4 Umsetzen: Begegnungsantworten

5.4.1 Allgemeine Prinzipien

Das konkrete Handeln erfolgt im nächsten Schritt auf einer oder mehreren der vier Ebenen Kind, Team/Institution, Eltern, weiteres Umfeld.

Es sollte angestrebt werden, dass die geplanten Schritte von den jeweils Verantwortlichen umgesetzt werden. Wenn kurzfristig deutlich wird, dass dies nicht möglich ist, sich die Fachkraft damit überfordert fühlt o. ä., so ist unmittelbar der Planungsschritt zu erneuern. Dazu ist eine Teamkultur der Unterstützung und Fehlerfreundlichkeit nötig – und es müssen Ansprechpartner*innen für die jeweils Handelnden (zum Beispiel die Leitung) vorhanden/benannt sein. Nur so, durch das Teilen von Verantwortung, kann das oft vorherrschende Gefühl der Überforderung und eigenen Hilflosigkeit verringert werden.

Alle Schritte sollten *im Team* deutlich abgesprochen sein und die Aufgaben einzelner Teammitglieder klar sein (▶ Kap. 5.3).

Nochmals: Es gibt keine allgemeingültigen Handlungsweisen/Interventionen, die für alle Kinder mit herausfordernden Verhaltensweisen oder ihre Familie sinnvoll und erfolgreich sind. Jeder Schritt muss auf das jeweilige Kind (und seine Familie) bezogen sein und wird bestimmt durch die vorherigen Schritte (systematisches Beobachten, Analysieren/Verstehen, Planen); es gibt keine ›Rezepte‹.

5.4.2 Handeln auf den vier Ebenen Kind, Institution/Team, Eltern, Andere

(1) **Kontakt mit dem Kind**

Im Kontakt mit dem Kind ist es zunächst wichtig, die in der Planung abgesprochene Form der Begegnung mit dem Kind umzusetzen.

Darüber hinaus gibt es eine Reihe allgemeiner Begegnungsweisen, die für die seelische Entwicklung von Kindern – und besonders solchen, die aus ihrer Not heraus andere herausfordern – förderlich sind. Dazu gehören:

- das eigene Begegnungsverhalten (die Interaktion) an der Analyse zu orientieren,
- die Grundparameter entwicklungsförderlicher Begegnung zu realisieren, diese sind:
  - die Ermöglichung neuer, stützender Beziehungserfahrungen
  - spezifische, bedarfs- und passgenaue Unterstützung in der unmittelbaren Begegnung und im pädagogischen Alltag (z. B. Unterstützung der Selbstregulation im Morgenkreis, im Garten etc.)
  - bedingungslose Wertschätzung
  - Verlässlichkeit, Regelmäßigkeit,
  - Zuwendung und Feinfühligkeit
  - klare (Affekt-)Spiegelung
  - ›Strukturierungshilfen‹ (Grenzen klar benennen und achten)
  - die Erwachsene ist Modell beim Erlernen angemessenen Bewältigungsverhaltens in Krisensituationen
  - Unterstützung bei der Stressbewältigung
  - Möglichkeiten, Selbstwirksamkeitserfahrungen machen zu können (zum Kind und seinem Entwicklungs-Stand passende Aufgaben)
  - ›Zumutungen‹ und Anforderungen in der »Zone der nächsten Entwicklung« (Wygotski, 1987); Explorationsunterstützung/-assistenz (Ahnert, 2007)
  - Ermutigung
- und dem Kind Sicherheit und Orientierung zu ermöglichen

Manchmal können pädagogische ›Techniken‹ eingesetzt werden. Beispiele hierfür sind:

- *Begleitete ›Auszeiten‹*: In manchen Situationen kann es hilfreich sein, dass das Kind eine spannungsreiche Situation verlässt. Dabei muss es aber

immer begleitet werden! Die Isolation eines Kindes widerspricht dem Kindeswohl – und es lernt auch daraus nichts. Wenn sich ein Kind beispielsweise nicht selbst regulieren kann, so lernt es dies nicht durch Isolation/Bestrafung, sondern nur, wenn sich die Erwachsenen Zeit nehmen, mit ihm in ruhigen Situationen Regulationsstrategien zu erarbeiten und diese dann im Alltag zu erproben.
- Systematische *Rückmeldungen über Verstärkerprogramme*: Ein Verhaltensauf- oder -abbau kann auch durch den gezielten Einsatz von Verstärkerprogrammen erfolgen. Dies bedeutet, dass ein bestimmtes Verhalten ganz klar beschrieben wird (nicht: Das Kind soll die Grenzen anderer achten, sondern: Wenn ein anderes Kind »Stopp« sagt, wird das eigene Handeln unterbrochen/gestoppt). Dies wird mit dem Kind besprochen und dann wird festgelegt, welche Belohnung es für das positive Ausführen dieses Verhaltens (Handlung unterbrechen bei »Stopp«) erhält. Diese Belohnung kann direkt erfolgen, oder es können Punkte/Symbole gesammelt werden, die dann gegen eine direkte Belohnung eingetauscht werden können. Solche Verstärkerprogramme wirken nur, wenn das Kind sie versteht und wenn sie sehr konsequent von allen Erwachsenen in der Kita umgesetzt werden.

(2) **Zusammenarbeit im Team/ Institution**

Die Kooperation im Team bietet die Gewähr, dass die gemeinsam beschlossenen Handlungsschritte auch umgesetzt werden. Das Team hat die Aufgabe, den Fachkräften, die gezielt mit dem jeweiligen Kind und seiner Familie arbeiten, den Rücken zu stärken. Wenn beispielsweise beschlossen wurde, dass eine Fachkraft mit einem Kind dreimal am Tag für je zehn Minuten eine Einzelaktivität durchführt, damit das Kind unbedingte Zuwendung erhält, dann müssen die anderen Teammitglieder garantieren, dass dies auch möglich ist – egal, welche aktuellen Dinge in der Kita- oder Gruppensituation sonst auftauchen.

Eine wichtige Voraussetzung hierfür sind *Schutzfaktoren im Team*.
Schutzfaktoren sind vor allem:

- gute Kommunikationsstrukturen,
- soziale Unterstützung,
- ein gutes Teamklima, hoher Handlungsspielraum, wertschätzender Führungsstil,
- ein adäquates Verhältnis zwischen Anforderungen und Belohnungen der Arbeit,

- Humor und Optimismus
- gemeinsame Aktivitäten außerhalb der Institution,
- viel Bewegung bei der Arbeit,
- hohe Unterstützung von Weiterbildung durch die Einrichtung,
- ein hohes Maß an beruflicher Gratifikation wie Bezahlung, Arbeitsplatzsicherheit und Anerkennung.

Diese Faktoren sollten – auch im Sinne der Selbstvergewisserung, wenn es (vermeintlich) keine Konflikte oder Probleme im Team gibt – regelmäßig, mindestens einmal im Jahr, reflektiert werden.

(3) Kontakt mit den Eltern

Grundsätze zur Zusammenarbeit mit Eltern

Vorbemerkung: Bei der Zusammenarbeit mit Eltern und weiteren Bezugspersonen gilt es, einige wichtige Grundsätze zu beachten, die die Haltung der Fachkräfte gegenüber den Eltern betreffen (vgl. Fröhlich-Gildhoff, 2017):

1. Die Zusammenarbeit mit den Eltern findet immer in einem Beziehungsdreieck statt.
   → Um die Loyalität des Kindes zu seinen Eltern – und damit das Wohlbefinden des Kindes – nicht zu gefährden, ist es wichtig, grundsätzlich einen guten, wertschätzenden Kontakt zu den Eltern zu gestalten.

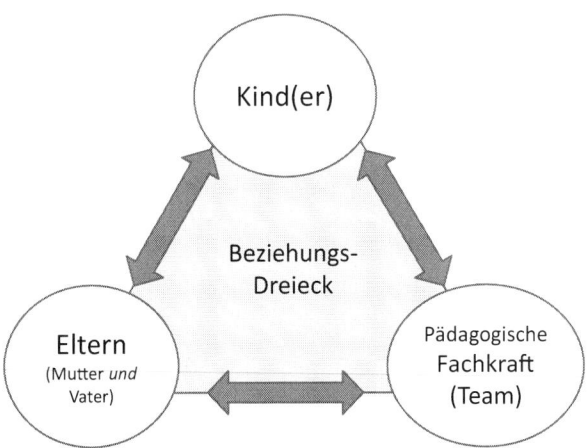

Abb. 9: Beziehungsdreieck

2. Eltern sind erwachsene und eigenständige Menschen
→ Sie haben ein Anrecht darauf, abzuwarten, nachzudenken und nicht gleich auf alle Vorschläge eingehen zu müssen.
3. Eltern wollen nicht erzogen und als Kinder behandelt werden.
→ Sie wollen aber in ihrer Not verstanden und erreicht werden.
4. Es ist wichtig, einen Kontakt zu Eltern *vor* der Entstehung von Problemen zu haben.
→ Unabhängig von der Situation der Eltern, dem Verhalten des Kindes etc. sind die vielfältigen Möglichkeiten der Begegnung mit allen Eltern zu nutzen; von besonderer Bedeutung sind die Tür- und Angelgespräche
5. *Die* Eltern gibt es nicht!
→ Eltern haben unterschiedliche Lebenslagen, Bedürfnisse und Erziehungs- wie Lebensvorstellungen. Genauso wie Kinder müssen sie in ihrer Situation angenommen und erreicht werden. Nach einer Analyse der Situation und Bedürfnisse der jeweiligen Eltern besteht professionelle Begegnung in einem passgenauen Handeln.
6. Achtung, Kränkungsspirale!
Wenn ein Gespräch mit Eltern stattfindet, in dem ihnen kommuniziert wird, dass ihr Kind ein Verhalten zeigt, das andere herausfordert oder gegen Regeln verstößt, sind Eltern zunächst oft gekränkt. Ihr Bedürfnis nach Selbstwertschutz ist verletzt und sie versuchen sich zu wehren (▶ Kap. 5.2.2), ggf. die Fachkräfte abzuwerten (»Bei uns verhält er sich nicht so – das liegt an Ihrem komischen pädagogischen Konzept ...«). Es ist nicht sinnvoll, wenn Fachkräfte diese Kränkung auf sich beziehen und sich dagegenstellen – es wird sonst eine Spirale gegenseitiger Kränkungen in Gang gesetzt. Es ist Aufgabe der Fachkraft, sich bei der Vorbereitung auf das Gespräch in die Eltern hineinzuversetzen, ihre Kränkung vorherzusehen und in der Situation selbst innerlich Abstand zu gewinnen und das Verteidigungsverhalten der Eltern nicht auf sich persönlich zu beziehen.

Sinnvoll ist es auch, von vornehrein Pausen einzuplanen, damit die Eltern Zeit haben, die neuen und potentiell kränkenden Informationen zu verarbeiten. Es kann beispielsweise ein weiteres Gespräch ein oder zwei Wochen später angesetzt werden, in dem es dann um konkrete gemeinsame Handlungsschritte geht. So haben die Eltern Zeit, ihre erste Kränkung zu verarbeiten, eine Kränkungsspirale kann umgangen werden.

Gespräche mit Eltern vorbereiten und durchführen

Im Kontakt mit den Eltern/Familien geht es darum zu versuchen, ein Arbeitsbündnis zum Verstehen und Verändern des als herausfordernd erlebten Verhaltens herzustellen. Dies gelingt zumeist nicht sofort, weil viele Eltern sich verletzt fühlen, wenn sie erfahren, dass mit ihrem Kind etwas ›nicht stimmt‹. Daher einige Hinweise:

- Ruhe bewahren! Es muss in den allermeisten Fällen nicht sofort eine Lösung gefunden werden
- Ressourcenorientierung: Die Stärken des Kindes und der Eltern wahrnehmen und darstellen
- Berücksichtigung der potentiellen Kränkung der Eltern
- Entwicklung innerer Distanz zu Verteidigungsversuchen der Eltern.

Die *Ziele eines Gesprächs mit den Eltern* sollten zunächst nicht zu ambitioniert formuliert werden, um sich und die Eltern nicht zu überfordern und das Gespräch nicht zu überlasten. Wichtig sind folgende vier Ziele:

1. Herstellen eines Kontaktes zum Wohle des Kindes
2. Darstellung des als herausfordernd erlebten Verhaltens, Informationsaustausch
3. Versuch des (gemeinsamen) Verstehens, in welchem Zusammenhang das spezifische Verhalten steht
4. Einigkeit über nächste Schritte: Das kann die Vereinbarung eines nächsten Gesprächs in einem überschaubaren Zeitraum sein, ggf. die Motivierung zu weitergehenden diagnostischen Untersuchungen etc.

Fröhlich-Gildhoff, Rönnau-Böse & Grasy-Tinius (2020) geben einige *Hinweise zur Vor- und Nachbereitung und zum Führen des Gesprächs* mit den Eltern/ Familien:
Hinweise zur eigenen *Vorbereitung*

- Beschreiben Sie die Ausgangslage aus Ihrer eigenen Sicht
- Versetzen Sie sich in die Lage der Eltern des Kindes. Wie stellt sich deren subjektive Realität vermutlich dar?
- Klären Sie für sich, welches Ziel Sie anstreben im Hinblick auf die Problemlösung bzw. auf mögliche kurz- und langfristige Veränderungen
- Wechseln Sie wieder die Perspektive: Welche Ziele vermuten Sie bei den Eltern mit Blick auf das angestrebte Ziel?
- Entwickeln Sie Ideen für dieses Spannungsverhältnis
- Inhaltliche Vorbereitung des Gesprächs (Dokumentation von Beobachtungen, Rückkoppelung mit Kolleg*innen, Reflexion eigener Gefühle, Bewusstwerden über mögliche Stolperfallen, Einüben des Gesprächs im Rollenspiel)
- Bedeutung der Einladung des Gesprächs beachten

- Rahmenbedingungen klären (Zeit, Raum, Anwesende).

Hinweise zum *Gesprächsverlauf*

- Gesprächseinstieg als Beziehungsaufnahme wahrnehmen
- Flexibilität im Gesprächsverlauf
- Sich Zeit nehmen, genau wahrzunehmen und zuzuhören
- Mehrere subjektive Realitäten gelten lassen
- Gemeinsame Vereinbarung über weitergehende Schritte.

Hinweise zur *Nachbereitung* des Gesprächs

- Wie habe ich selbst als Fachkraft das Gespräch erlebt und wie könnten es die Eltern erlebt haben?
- Wie war die Wahrnehmung der eigenen Rolle und den damit verbundenen Gefühlen?
- Konnte die Perspektive der Eltern erfasst werden?
- Wie zufrieden bin ich mit dem Verlauf und was hat dazu beigetragen, dass ich es positiv oder negativ bewerte?
- Welche nächsten Schritte stehen jetzt an?
- Ist das Gespräch nicht nach Zufriedenheit verlaufen, sollte sich die Fachkraft externe Unterstützung holen. Dies kann im Rahmen einer kollegialen Beratung in einer Teamsitzung, einem Gespräch mit der Leitung oder einer Fallsupervision erfolgen.

(4) Kontakt mit anderen Institutionen

Der Kontakt mit anderen Institutionen und Organisationen im Sozialraum setzt das Einverständnis der Eltern voraus. Wenn dies nicht gegeben ist, kann möglicherweise eine anonymisierte Fallbesprechung unter Hinzuziehung von Externen (Erziehungsberatung, Therapeut*in, Frühförderung) hilfreich sein. Der Kontaktaufbau zu anderen Institutionen hat sich – fallunabhängig – bewährt, *bevor* Probleme entstehen; dann kann hierauf schneller zurückgegriffen werden.

Hierfür ist es hilfreich, eine Netzwerkanalyse zu machen und zu prüfen, zu welchen Institutionen Kontakte bestehen, wie deren Qualität ist – und welche Kontakte möglicherweise intensiviert werden sollten.

Die Handlungsschritte müssen eindeutig dokumentiert sein; hierzu kann das Planungsprotokoll (AB 11) eine Hilfe sein.

5.5 Exkurs: Die Bedeutung von Ritualen, Regeln und Mikrotransitionen

Wenn in Teams von Kindertageseinrichtungen über für die Fachkräfte herausfordernde Situationen diskutiert wird, wird häufig deutlich, dass es zwischen den einzelnen Fachkräften und innerhalb des Teams kaum ein gemeinsames Verständnis über den Umgang mit immer wiederkehrenden Situationen im Alltag gibt. Auch ist den Fachkräften selbst oft nicht klar, welche Regeln denn in der Einrichtung verbindlich sind, d. h., immer gelten. Auch über die Bedeutung der kleinen Übergänge, die sogenannten *Mikrotransitionen*, ist häufig wenig bekannt. Gemeint sind hiermit tägliche Übergänge im pädagogischen Alltag, zum Beispiel der Wechsel der Kindergruppe oder einzelner Kinder in Bezug auf Räume, Tätigkeiten oder Personen (Gutknecht, 2018). Ein fehlendes gemeinsames Verständnis über diese Aspekte kann bei den Fachkräften und in der Folge auch bei den Kindern zu Verwirrung führen. Gerade wenn es um die Erfüllung des Grundbedürfnisses nach Orientierung und Sicherheit geht, wird deutlich, dass Erwachsene und Kinder gleichermaßen eine ähnliche Idee haben sollten, welche grundlegenden Regeln gelten und wie der Tagesablauf gestaltet wird, um dadurch Sicherheit gewinnen zu können.

Es ist entsprechend wichtig, zunächst innerhalb des Teams und anschließend im Diskurs mit den Kindern Klarheit über die Gestaltung dieser wiederkehrenden Situationen zu gewinnen. Dabei sollte zwischen Ritualen und verbindlichen Regeln differenziert werden und die Gestaltung von Mikrotransitionen reflektiert werden. In diesem Diskurs sollen einige Definitionen Ansatzpunkte für einen Austausch innerhalb des Teams bieten. Ein solcher Diskurs kann beispielsweise innerhalb einer Teamsitzung oder mit Unterstützung einer/eines Weiterbildner*in innerhalb eines Fachtags stattfinden. Der Diskurs sollte Raum für die individuellen Erfahrungen der Teammitglieder und die Gegebenheiten der einzelnen Einrichtungen bieten.

- *Rituale ...*
  - ... sind wiederkehrende und geregelte Handlungsabläufe
  - ... sind zeitlich begrenzt (Anfang und Ende)
  - ... sind symbolisch
  - ... haben einen stabilisierenden und kanalisierenden Charakter und wirken dadurch auch als Grenzmarkierung bzw. dienen zur Differenzbearbeitung

- ... sind vertrauens- und geborgenheitsvermittelnd, gehören zu den ersten Erfahrungen eines Kindes (Füttern, Wickeln, Kuscheln, Spielen etc.)
  - ... sind Strukturierungshilfen/Markierungspunkte und greifen das Bedürfnis nach Ordnung, Orientierung und Sicherheit auf (Begrüßung, Verabschiedung, Geburtstagsfeiern etc.)
- Bei den Mikrotransitionen (kleinen Übergängen) (beispielsweise von den Innenräumen ins Außengelände, vom Freispiel zu strukturierteren Angeboten etc.) kann es für Kinder mit besonderen Belastungen, hoher Erregbarkeit etc. zu Überforderungssituationen kommen, in denen sie sich ›wehren‹ müssen, um ihre psychischen Grundbedürfnisse innerhalb ihres Handlungsspielraumes zu schützen. Daher ist es wichtig:
  - Übergänge zu analysieren und für alle Kinder in ihrer Unterschiedlichkeit gut zu planen
  - Stabilität und Struktur zu schaffen
  - Wartezeiten zu vermeiden/ zu verringern.
- Im pädagogischen Alltag existieren unterschiedliche *Regeln und Vereinbarungen*, die gleichfalls für einige Kinder nicht bzw. schwer nachvollziehbar sind; sie bedürfen daher besonderer Reflexion.
  - Pädagogische Vereinbarungen bzw. Regeln
  - können in einer Gemeinschaft gemeinsam festgelegt werden (beispielsweise Kinderkonferenzen)
  - legen akzeptiertes und unerwünschtes Verhalten fest
  - beziehen sich auf konkrete Situationen und Zeiten
  - ermöglichen eine Struktur und Orientierung
  - können sich auf Normen/Werte berufen oder auf Verbote, um Gefahren abzuwehren
  - sollten im Team besprochen werden (eigene Haltungen, gemeinsame Grundhaltung)

Das Nichteinhalten der Vereinbarungen stellt eine Grenzüberschreitung dar und kann Konsequenzen mit sich ziehen.

- Klare *Grenzen* schaffen Handlungssicherheit und Orientierung, Verlässlichkeit und Transparenz. Sie dienen dabei auch als Schutz vor Gewalt und erfordern ein klares Einschreiten. Die Übertretung kann Konsequenzen nach sich ziehen.

Auch Grenzen können besprochen und unter Umständen verhandelt werden.

- Konsequenzen
  - ... müssen am besten im Vorhinein klar und transparent sein (was passiert bei einer Regel-/Grenzüberschreitung?).
  - ... müssen nachvollziehbar sein. Es sollte eine Gleichbehandlung zu allen anderen gegeben sein – Ausnahmen sind möglich und sinnvoll, müssen aber erklärt werden.
  - ... müssen sachlich und ruhig angesprochen werden, nicht aus einer aktuellen Gefühlslage heraus.
  - ... ermöglichen Lernerfahrungen, um Verhalten neu und anders zu strukturieren.

Hinweis: Es hat sich bewährt, Regeln zu differenzieren, zum Beispiel ›rote‹ und ›rosa‹ Regeln aufzustellen. Die roten Regeln (zum Beispiel das Ausüben körperlicher Gewalt) dürfen nicht verletzt werden und ziehen immer klare Handlungsweisen der Pädagog*innen nach sich. Die rosa Regeln können individueller gehandhabt werden (zum Beispiel zieht nicht jedes Aufspringen im Morgenkreis die vorher besprochene Konsequenz nach sich).

5.6 Evaluation: Überprüfen

Die Überprüfung der geplanten Handlungsschritte und deren Umsetzung sollte sich an den Punkten (7) Planung und (8) Umsetzung und den dort beschriebenen vier Ebenen orientieren.

Eine weitere Grundlage stellt der Dokumentationsbogen (AB 11) dar.

Es ist dabei wichtig, genau zu überprüfen, welche Schritte warum umgesetzt werden konnten – und welche warum nicht. Ebenso sind mögliche, ergänzende Beobachtungen oder Veränderungen zu reflektieren. Bedeutsam ist eine fehlerfreundliche Atmosphäre – beispielsweise soll es nicht darum gehen, eine Fachkraft ›anzuklagen‹, wenn ein vereinbarter Termin nicht eingehalten wurde, sondern es sollte versucht werden zu verstehen, warum ein vereinbarter Schritt nicht umgesetzt werden konnte.

Erfahrungsgemäß sind nach einer ersten Runde des systematischen Vorgehens noch wenige Veränderungen festzustellen. Es ist dann nötig, aufgrund der gewonnenen Erkenntnisse – gerade auch über Nicht-Veränderung – erneut zu beobachten, zu analysieren und zu planen.

Möglicherweise zeigt sich bei der Überprüfung, dass in der Institution Veränderungen vorgenommen werden sollten. Dies kann die Anpassung oder Einführung von Ritualen oder Abläufen bedeuten.

Es hat sich öfter als sinnvoll herausgestellt, die Erfahrungen bei der systematischen Beantwortung von herausforderndem Verhalten in das Qualitätsmanagement einfließen zu lassen. So kann eine Prozessbeschreibung verfasst werden: Was passiert, wenn eine Fachkraft (wem?) berichtet, dass sie sich durch das Verhalten eines Kindes besonders herausgefordert oder belastet fühlt.

- Wer ist erste/r Ansprechpartner*in?
- Was ist der nächste Schritt? (Fallbesprechung I)
- Was passiert dann? (Fallbesprechung II)
- usw.

Das jeweilige Vorgehen müssen Team und Leitung so festlegen, dass es für sie und ihre Einrichtung passend ist.

AB 12: Struktur Fallbesprechung III: Evaluieren

- Fallgeber*in, Moderator*in, Zeitwächter*in, Protokollant*in
- Ziel: Auswertung der bisher durchgeführten Handlungsschritte, Planung der nächsten Handlungsschritte
- ggf. Vorstellung der Dokumentation
- Leitfragen:
    - Wie geht es den Beteiligten? (Kind, Fachkräfte [Skala], Eltern)
    - Wie ist die Umsetzung der geplanten Schritte gelungen?
    - Welche Veränderungen wurden festgestellt?
    - Nächste Schritte (Kreislauf beginnt erneut)

6

Zum Abschluss

Zum Abschluss soll nun eine Ermutigung stehen. Das hier vorgestellte Vorgehen ist nicht einfach, sondern aufwendig. Es braucht Zeit, Mühe und Energie – der Umgang mit Kindern, mit Menschen allgemein, erfordert all dies ohnehin.

Der große Gewinn des vorgestellten Vorgehens liegt darin, dass die Zeit, Mühe und die eingesetzten Nerven in ein systematisches Vorgehen investiert werden und damit der Professionalisierung dienen. Ein Erfolg stellt sich auch hier (meist) nicht nach dem ersten Durchlaufen des Kreislaufs professionellen Handelns ein. Es hat sich aber immer wieder gezeigt: Wenn kontinuierlich an dem Thema gearbeitet wird, wenn weiter ein systematisches Vorgehen etabliert wird und die – ggf. neu bestimmten – (Handlungs)ziele verfolgt werden, stellen sich Erfolge im Sinne von Veränderungen ein.

Darüber hinaus soll diese Handreichung eine Ermutigung dafür sein, sich bei der Umsetzung nicht zu überfordern, sondern sich frühzeitig für die Umsetzung des Vorgehens Hilfe und Unterstützung von außen zu holen – in Form von Fachberatung, Supervision und anderen Diensten. Sich Hilfe und Unterstützung holen ist auch ein Teil professionellen Handelns.

7

Literatur

Ahnert, L. (2007). Von der Mutter-Kind- zur Erzieherin-Kind-Bindung? In F. Becker-Stoll & M. Textor (Hrsg.), *Die Erzieherin-Kind-Beziehung. Zentrum von Bildung und Erziehung* (S. 31–41). Berlin: Cornelsen.

Allen, J. P., Hauser, S. T., Bell, K. L. & O'Connor, T. G. (1994). Longitudinal Assessment of Autonomy and Relatedness in Adolescent-Family Interactions as Predictors of Adolescent Ego Development and Self-Esteem. *Child Development, 65* (1), 179–194. https://doi.org/10.1111/j.1467-8624.1994.tb00743.x

Ainsworth, M. D. S., Blehar, M. C., Waters, E. & Wall, S. (1978). *Patterns of Attachment: A Psychological Study of the Strange Situation.* Hillsdale, NJ: Erlbaum.

Aßhauer, M., Burow, F. & Hanewinkel, R. (1999). Fit und stark fürs Leben. 3. und 4. Schuljahr. Persönlichkeitsförderung zur Prävention von Aggression, Stress und Sucht. Stuttgart: Ernst Klett.

Bandura, A. (1997). Self-efficacy: the exercise of control. New York: Freeman.

Bandura, A. (Hrsg.) (1995). Self-Efficacy in changing societies. Cambridge: Cambridge University Press.

Baumgarten F, Klipker K et al. (2018). Der Verlauf psychischer Auffälligkeiten bei Kindern und Jugendlichen – Ergebnisse der KiGGS-Kohorte. *Journal of Health Monitoring 3* (1): DOI 10.17886/RKI-GBE-2018-01

Baumrind, D. (1991). Effective parenting during the early adolescent transition. (Advances in family research series.). Family transitions, 111–163. Hillsdale, NJ, US: Lawrence Erlbaum Associates, Inc.

Belfer, M. L. (2008). Child and adolescent mental disorders: the magnitude of the problem across the globe. *Journal of Child Psychology and Psychiatry, and Allied Disciplines, 49*, 226–236.

Bengel, J., Meinders-Lücking, F. & Rottmann, N. (2009). *Schutzfaktoren bei Kindern und Jugendlichen. Stand der Forschung zu psychosozialen Schutzfaktoren für Gesundheit.* (Forschung und Praxis der Gesundheitsförderung, Bd. 35). Köln: Bundeszentrale für gesundheitliche Aufklärung (BZgA).

Braun, A. K., Bock, J., Gruss, M., Helmeke, C., Ovtscharoff jr, W., Schnabel, R., Ziabreva, I. & Poeggel, G. (2002). Frühe emotionale Erfahrungen und ihre Relevanz für die Entstehung und Therapie psychischer Erkrankungen. In B. Strauss, A. Buchheim & H. Kächele (Hrsg.), *Klinische Bindungsforschung: Methoden und Konzepte* (S. 121–128). Stuttgart: Schattauer.

Brisch, K.-H. (2007). Prävention von emotionalen und Bindungsstörungen. In W. v. Suchodoletz (Hrsg.), *Prävention von Entwicklungsstörungen* (S. 167–181). Göttingen: Hogrefe.

Brisch, K.-H. (2004). Der Einfluss von traumatischen Erfahrungen auf die Neurobiologie und die Entstehung von Bindungsstörungen. *Psychotraumatologie und Medizinische Psychologie, 2*, 29–44.

Brisch, K.-H. (1999). *Bindungsstörungen. Von der Bindungstheorie zur Therapie.* Stuttgart: Klett-Cotta.

Büschi, E. & Calabrese, S. (2019). *Herausfordernde Verhaltensweisen in der Sozialen Arbeit.* Zugriff am 22.1.2020. Verfügbar unter: https://public.ebookcentral.proquest.com/choice/publicfullrecord.aspx?p=5731604

Cantzler, A. (2016). Spurensuche: Wie Biographiearbeit pädagogisches Handeln ändert. *Betrifft Kinder, 10*, 6–11.

Cierpka, M. (Hrsg.) (2004). *Faustlos. Ein Curriculum zur Prävention von aggressivem und gewaltbereitem Verhalten bei Kindern der Klassen 1 bis 3.* Göttingen: Hogrefe.

Crick, N. R. & Dodge, K. A. (1994). A review and reformulation of social information processing mechanisms in children's social adjustment. *Psychological Bulletin, 115*, 74–101.

Dornes, M. (2009). *Der kompetente Säugling* (14. Aufl.). Frankfurt/M.: Fischer.

Dougherty, L. R., Smith, V. C., Bufferd, S. J., Kessel, E., Carlson, G. A. & Klein, D. N. (2015). Preschool irritability predicts child psychopathology, functional impairment, and service use at age nine. *Journal of Child Psychology and Psychiatry, and Allied Disciplines, 56*, 999–1007.

Erbes, A., Giese, C., Rollik, H. & Deutsches Rotes Kreuz (Hrsg.). (2013). *Werte und Wertebildung in Familien, Bildungsinstitutionen, Kooperationen:* Beiträge aus Theorie und Praxis. Berlin: Deutsches Rotes Kreuz e. V.

Faller, H. (2010). Sozialpsychologische Modelle (Springer-Lehrbuch). In H. Faller, H. Lang & S. Brunnhuber (Hrsg.), *Medizinische Psychologie und Soziologie* [nach neuem GK] (3., vollständig neu bearbeitete Aufl.) (S. 40–44). Berlin: Springer.

Feldmann, R. (2006). Psychopathologie von FASD bei Kindern und Jugendlichen. In R. L. Bergmann, H. L. Spohr, J. W. Dudenhausen (Hrsg.), *Alkohol in der Schwangerschaft - Häufigkeit und Folgen* (S. 93–101). München: Urban und Vogel.

7 Literatur

Fend, H., Berger, F. & Grob, U. (2009). *Lebensverläufe, Lebensbewältigung, Lebensglück: Ergebnisse der LifE-Studie*. Wiesbaden: VS Verlag für Sozialwissenschaften.

Fingerle, M. (2011). Resilienz deuten – Schlussfolgerungen für die Prävention. In M. Zander (Hrsg.), *Handbuch Resilienzförderung* (S. 208–218). Wiesbaden: VS.

Fingerle, M. & Grumm, M. (Hrsg.) (2012). *Prävention von Verhaltensauffälligkeiten bei Kindern und Jugendlichen. Programme auf dem Prüfstand*. München: Reinhardt.

Fonagy, P., Gergely, G., Jurist, E. & Target, M. (2004). *Affektregulierung, Mentalisierung und die Entwicklung des Selbst*. Stuttgart: Klett-Cotta.

Fonagy, P., Target, M., Gergely, G., Hellen, J. G. & Bateman, A. (2004a). Entwicklungspsychologische Wurzeln der Borderline-Persönlichkeitsstörungen Reflecting functioning und Bindung. *Persönlichkeitsstörungen, 8* (4), 217–229.

Fröhlich-Gildhoff, K., Grasy-Tinius, C. & Hoffer, R. (2020). Gelingensfaktoren der Kompetenzentwicklung frühpädagogischer Fachkräfte im Umgang mit herausforderndem Verhalten in der Kindertageseinrichtung. *Frühe Bildung, 9* (4), 173–183. https://doi.org/10.1026/2191-9186/a000492.

Fröhlich-Gildhoff, K. & Hohagen, J. (2020). *Einschätzung der Bindungssicherheit in Kindertageseinrichtungen (EiBiS). Beobachtungsinstrument und Handbuch*. Stuttgart: Baden-Württemberg-Stiftung.

Fröhlich-Gildhoff, K., Rönnau-Böse, M. & Grasy-Tinius, C. (2020). *Herausforderndes Verhalten in Kita und Grundschule. Erkennen, Verstehen, Begegnen* (2. Aufl.) Stuttgart: Kohlhammer.

Fröhlich-Gildhoff, K., Strohmer, J., Rönnau-Böse, M., Braner, K. & Grasy-Tinius, C. (2019a). Herausforderndes Verhalten in Kindertageseinrichtungen – Evaluation eines Qualifizierungsprogramms für Fachkräfte-Teams. In D. Weltzien, H. Wadepohl, C. Schmude, H. Wedekind & A. Jegodtka (Hrsg.), *Forschung in der Frühpädagogik* XII, 141–172. Freiburg: FEL.

Fröhlich-Gildhoff, K., Strohmer, J., Rönnau-Böse, M., Braner, K. & Grasy-Tinius, C. (2019b). *Herausforderungen: Für Dich? Für mich? Für alle? Herausforderungen durch Verhalten im pädagogischen Alltag professionell bewältigen*. Wissenschaftlicher Abschlussbericht. Freiburg: FEL

Fröhlich-Gildhoff, K. (2018). *Verhaltensauffälligkeiten bei Kindern und Jugendlichen* (3., erweiterte und aktualisierte Aufl.). Stuttgart: Kohlhammer.

Fröhlich-Gildhoff, K. (2017). Standards für die Zusammenarbeit von pädagogischen Fachkräften und Eltern. In G. Aich, C. Kuboth & M. Behr (Hrsg.), *Kooperation und Kommunikation mit Eltern in frühpädagogischen Einrichtungen* (S. 54–61). Weinheim: Beltz Juventa.

Fröhlich-Gildhoff, K., Rönnau-Böse, M. & Tinius, C. (2017). *Herausforderndes Verhalten von Kindern professionell bewältigen. Ein Curriculum für die Weiterbildung pädagogischer Fachkräfte in Kindertageseinrichtungen*. Freiburg: FEL.

Fröhlich-Gildhoff, K. (2016). Ausgangspunkte: Das Selbst als handlungsleitende Struktur. In K. Fröhlich-Gildhoff, C. Mischo & A. Castello (Hrsg.), *Entwicklungspsychologie für Fachkräfte in der Frühpädagogik* (2. vollständig überarbeitete Aufl) (S. 30–40). Kronach: Carl Link.

Fröhlich-Gildhoff, K. & Mischo, C. (2016). Exkurs: Biologische Grundlagen steuern mit – und sind beeinflussbar. In: K. Fröhlich-Gildhoff, C. Mischo & A. Castello (Hrsg.). *Entwicklungspsychologie für Fachkräfte in der Frühpädagogik*, 2. vollständig überarbeitete Auflage. (S. 18–23). Kronach: Carl Link.

Fröhlich-Gildhoff, K., Dörner, T. & Rönnau-Böse, M. (2016). *Prävention und Resilienzförderung in Kindertageseinrichtungen - PRiK* (3. Aufl.). München: Reinhardt.
Fröhlich-Gildhoff, K. & Rönnau-Böse, M. (2015). *Resilienz* (4. aktualisierte. Aufl.). München: Reinhardt/UTB.
Fröhlich-Gildhoff, K., Nentwig-Gesemann, I., Pietsch, S., Köhler, L. & Koch, M. (Hrsg.) (2014). *Kompetenzentwicklung und Kompetenzerfassung in der Frühpädagogik: Konzepte und Methoden* (Materialien zur Frühpädagogik). Freiburg: FEL.
Fröhlich-Gildhoff, K., Lorenz, L. F, Tinius, C. & Sippel, M. (2013). Überblicksstudie zur pädagogischen Arbeit mit Kindern mit Herausforderndem Verhalten in Kindertageseinrichtungen. *Frühe Bildung*, 2/2013. (S. 59-71).
GEW-Kitastudie [Gewerkschaft Erziehung und Wissenschaft] (2007). Wie geht's im Job? GEW Kita-Studie. Verfügbar unter: http://www.gew.de/Binaries/Binary35437/GEW-Kitastudie.pdf. [Zugriff am 21.11.2012].
Grasy-Tinius (2019). *Umgang mit herausforderndem Verhalten von Kindern - Evaluation des Implementationsprozesses einer Qualifizierungsmaßnahme als Impuls für die Organisationsentwicklung für Teams in Kindertageseinrichtungen.* Dissertation an der Universität Paderborn. Online: http://digital.ub.upb.de/hs/content/titleinfo/3194895 [Zugriff 14.4.2020].
Grawe, K. (2004). *Neuropsychotherapie.* Göttingen: Hogrefe.
Grawe, K., Donati, R. & Bernauer, F. (2001). *Psychotherapie im Wandel - von der Konfession zur Profession* (5. unveränderte Aufl.). Göttingen: Hogrefe.
Grawe K. (1998). *Psychologische Therapie.* Göttingen: Hogrefe.
Grossmann, K. (2001). Die Geschichte der Bindungsforschung. In G. Suess, H. Scheuerer-Englisch & W.-K. Pfeifer (Hrsg.), *Bindungstheorie und Familiendynamik* (S. 29–52). Gießen: Psychosozial.
Grossmann, K. & Grossmann, K. E. (2004). *Bindungen – das Gefüge psychischer Sicherheit.* Stuttgart: Klett-Cotta.
Gutknecht, D. (2018). Responsive Gestaltung von Mikrotransitionen in der inklusiven Kita. *Kita-Fachtexte.* https://www.kita-fachtexte.de/de/fachtexte-finden/responsive-gestaltung-von-mikrotransitionen-in-der-inklusiven-kita.
Gutknecht, D. (2012). *Bildung in der Kinderkrippe. Wege zur Professionellen Responsivität.* Stuttgart: Kohlhammer.
Hölling, H., Schlack, R., Petermann, F., Ravens-Sieberer, U. & Mauz, E. (KiGGS Study Group) (2014). Psychische Auffälligkeiten und psychosoziale Beeinträchtigungen bei Kindern und Jugendlichen im Alter von 3 bis 17 Jahren in Deutschland – Prävalenz und zeitliche Trends zu 2 Erhebungszeitpunkten (2003-2006 und 2009-2012). Ergebnisse der KiGGS-Studie – Erste Folgebefragung (KiGGS Welle 1). *Bundesgesundheitsblatt, 57,* 807–819.
Hoffer, R. (2020). *Verhaltensauffälligkeiten bei Kindern von drei bis sechs Jahren. Handlungsbedarf, Zusammenarbeit und Inanspruchnahme von Versorgung aus Eltern- und Fachkräfteperspektive.* Freiburg: Albert-Ludwigs-Universität.
Hoffer, R. & Fröhlich-Gildhoff, K. (2019). Inanspruchnahme von Hilfe und Versorgung bei psychischen Auffälligkeiten im Kindergartenalter. Ein systematisches Review zu Barrieren und Prädiktoren. *Kindheit und Entwicklung, 28* (1), 33–45. https://doi.org/10.1026/0942-5403/a000269

Hofstra, M. B., Van der Ende, J. & Verhulst, F. C. (2000). Continuity and change of psychopathology from childhood into adulthood: a 14-year follow-up study. *Journal of the American Academy of Child and Adolescent Psychiatry, 39,* 850–858.

Hüther, G. (2006). Die nutzungsabhängige Herausbildung hirnorganischer Veränderungen bei Hyperaktivität und Aufmerksamkeitsstörungen. Einfluss präventiver Maßnahmen und therapeutischer Interventionen. In M. Leuzinger-Bohleber, Y. Brandl & G. Hüther (Hrsg.). *ADHS - Frühprävention statt Medikalisierung. Theorie, Forschung, Kontroversen* (S. 222–237). Göttingen: Vandenhoek & Ruprecht.

Hüther, G. (2005). *Die Macht der inneren Bilder. Wie Visionen das Gehirn den Menschen und die Welt verändern.* Göttingen: Vandenhoeck & Rupprecht.

Hüther, G. (2004). Die neurobiologische Verankerung von Erfahrungen und ihre Auswirkungen auf das spätere Verhalten. *Gesprächspsychotherapie und Personenzentrierte Beratung, 35* (4), 246–252.

Hüther, G. & Krens, I. (2005). *Das Geheimnis der ersten neun Monate. Unsere frühesten Prägungen.* Düsseldorf: Walter.

Jerusalem, M. (1990). *Persönliche Ressourcen, Vulnerabilität und Stresserleben.* Göttingen: Hogrefe.

Klauer, T. (2009). Soziale Unterstützung (Handbuch der Psychologie). In J. Bengel & M. Jerusalem (Hrsg.), *Handbuch der Gesundheitspsychologie und medizinischen Psychologie* (S. 80–85). Göttingen: Hogrefe.

Knafo, A. & Schwartz, S. H. (2004). Identity formation and parent-child value congruence in adolescence. *British Journal of Developmental Psychology, 22* (3), 439–458. https://doi.org/10.1348/026151004155Z765

Knoll, N. & Schwarzer, R. (2005). Soziale Unterstützung. In: N. Birbaumer, D. Frey, J. Kuhl, W. Schneider, & R. Schwarzer (Hrsg.), *Enzyklopädie der Psychologie,* Series X, Vol. 1: Gesundheitspsychologie (S. 333–349). Göttingen: Hogrefe.

Köhler, C. A., Evangelou, E., Stubbs, B., Solmi, M., Veronese, N., Belbasis, L. et al. (2018). Mapping risk factors for depression across the lifespan: An umbrella review of evidence from meta-analyses and Mendelian randomization studies. *Journal of Psychiatric Research, 103,* 189–207. tps://doi.org/10.1016/j.jpsychires.2018.05.020.

Koglin, U. & Petermann, F. (2013). *Verhaltenstraining im Kindergarten. Ein Programm zur Förderung emotionaler und sozialer Kompetenzen* (2., überarbeitete Aufl.). Göttingen: Hogrefe.

Kriz, W. C. (2004). Personzentrierte Systemtheorie. Grundfragen und Kernaspekte. In A. von Schlippe & W.C. Kriz (Hrsg.), *Personzentrierung und Systemtheorie: Perspektiven für psychotherapeutisches Handeln* (S. 13–67). Göttingen: Vandenhoeck & Ruprecht.

Laireiter, A.-R. (2009). Soziales Netzwerk und soziale Unterstützung. In K. Lenz & F. Nestmann (Hrsg.), *Handbuch Persönliche Beziehungen* (S. 75–99). Weinheim; München: Juventa.

Lösel, F., Jaursch, S., Bellmann, A. & Stemmler, M. (2007). Prävention von Störungen des Sozialverhaltens – Entwicklungsförderung in Familien: Das Eltern- und Kindertraining EFFEKT. In W. v. Suchodoletz (Hrsg.). *Prävention von Entwicklungsstörungen* (S. 215–234). Göttingen: Hogrefe.

Luthar, S. S. (2006). Resilience in development: A synthesis of research across five decades. In D. Cicchetti & D. J. Cohen (Hrsg.), *Developmental Psychopathology: Risk, disorder, and adaptation* (2nd ed.) (pp. 739–795). New York: Wiley.

Manns, M. & Schultze, J. (2004). *Soziale Kompetenz und Prävention: Berliner Präventionsprogramm für Haupt- und Gesamtschüler.* Frankfurt/M: Lang.

Meaney, M. J. (2001a). Maternal care, gene expression, and the transmission of individual differences in stress reactivity across generations. *Annual review of neuroscience, 24* (2), 1161–1192.

Meaney, M. J. (2001b). Nature, nurture, and the disunity of knowledge. *Annals of the New York Academy of Sciences, 935* (6), 50–61.

Mischo, C. (2016). Entwicklungsumwelten. In K. Fröhlich-Gildhoff, C. Mischo & A. Castello (Hrsg.). *Entwicklungspsychologie für Fachkräfte in der Frühpädagogik* (2. vollständig überarbeitete Aufl.) (S. 150–201). Köln: Carl Link.

Mischo, C. (2016a). Kognitive Entwicklung. In K. Fröhlich-Gildhoff, C. Mischo & A. Castello (Hrsg.). *Entwicklungspsychologie für Fachkräfte in der Frühpädagogik* (2. vollständig überarbeitete Aufl.) (S. 84–128). Köln: Carl Link.

Montada, L. (2008). Fragen, Konzepte, Perspektiven. In R. Oerter, R. & L. Montada (Hrsg.), *Entwicklungspsychologie* (6. Aufl.) (S. 3–48). Weinheim: Beltz, Psychologie Verlags-Union.

Nestmann, F. (2000). Gesundheitsförderung durch informelle Hilfe und Unterstützung in sozialen Netzwerken (Dresdner Studien zur Erziehungswissenschaft und Sozialforschung). In S. Sting & G. Zurhorst (Hrsg.), *Gesundheit und soziale Arbeit: Gesundheit und Gesundheitsförderung in den Praxisfeldern sozialer Arbeit* (S. 128–151). Weinheim: Juventa.

Papoušek, M. (2004). Regulationsstörungen der frühen Kindheit: Klinische Evidenz für ein neues diagnostisches Konzept. In M. Papoušek, M. Schieche, & H. Wurmser (Hrsg.), *Regulationsstörungen der frühen Kindheit. Frühe Risiken und Hilfen im Entwicklungskontext der Eltern- und Kindbeziehung* (S. 77–110).Bern, Göttingen: Huber.

Petermann, F. & Wiedebusch, S. (2003). *Emotionale Kompetenz bei Kindern.* Göttingen: Hogrefe.

Petermann, F., Niebank, K. & Scheithauer, H. (2004). *Entwicklungswissenschaft, Entwicklungspsychologie - Genetik - Neuropsychologie.* Berlin: Springer.

Pietsch, S. (2018). Haltung in der pädagogischen Praxis. In R. Schwyter & M. Spillmann (Hrsg.), *Grundhaltung der Kooperation* (S. 28–45). Frick: Schiess.

Premack, D., & Woodruff, G. (1978). Does the chimpanzee have a theory of mind? *Behavioral and Brain Sciences, 1*(4), 515–526. https://doi.org/10.1017/S0140525X00076512.

Rauh, H. (2008). Vorgeburtliche Entwicklung und frühe Kindheit. In R. Oerter & L. Montada (Hrsg.), *Entwicklungspsychologie* (6. Aufl.) (S. 149–224). Weinheim: Psychologie Verlags Union.

Remsperger, R. (2011). Sensitive Responsivität im Umgang mit Kindergartenkindern. In K. Fröhlich-Gildhoff, I. Nentwig-Gesemann & H.-R. Leu (Hrsg.), *Forschung in der Frühpädagogik IV* (S. 235–264). Freiburg: FEL.

Rönnau-Böse, M., Strohmer, J. & Fröhlich-Gildhoff, K. (2018). Gesundheit und Gesundheitsförderung in der Kindertageseinrichtung. In C.-W. Kohlmann, C. Salewski & M. A. Wirtz (Hrsg.), *Psychologie in der Gesundheitsförderung* (S. 451–464). Göttingen: Hogrefe.

Rohrmann, A. (2009). Teilhabe planen. Ziele und Konzepte kommunaler Teilhabeplanung. *Teilhabe, 48*(1). (S. 18–25).

Rudow, B. (2004). *Belastungen und der Arbeits- und Gesundheitsschutz bei Erzieherinnen. Kurzfassung des Projektberichts.* Verfügbar unter: http://www.gew-berlin.de/documents_public/040510_Belastung_ Erzieher_Kurz.pdf. [Zugriff am: 21.11.2012].

Schlippe, A. v. & Schweitzer, J. (2016). *Lehrbuch der systemischen Therapie und Beratung 1: Das Grundlagenwissen* (2. Aufl.). Göttingen: Vandenhoeck & Ruprecht.

Schwartz, S. H. (1996). Value Priorities and Behavior: Applying a Theory of Integrated Value Systems. In C. Seligman, J.M. Olson & M.P. Zanna (Hrsg.), *The Ontario Symposium on Personality and Social Psychology. Bd. 8: The Psychology of Values.* (S. 1–24). Mahwah.

Stein, M. (2013a). Wertetransmission als Aufgabe der Familie. In A. Erbes, C. Giese, H. Rollik & Deutsches Rotes Kreuz (Hrsg.), *Werte und Wertebildung in Familien, Bildungsinstitutionen, Kooperationen: Beiträge aus Theorie und Praxis* (S. 11–24). Berlin: Deutsches Rotes Kreuz e.V.

Stein, M. (2013b). Familie als Ort der Werteentwicklung. Strukturelle, soziokulturelle und erzieherische Bedingungen. In U. Boos-Nünning & M. Stein (Hrsg.), Familie als Ort von Erziehung, Bildung und Sozialisation (S. 175–216). Münster: Waxmann.

Steinert, T. & Hirsch, S. (2019). *S3-Leitlinie Verhinderung Von Zwang.* (DGPPN - Deutsche Gesellschaft für Psychiatrie und Psychotherapie, Psychosomatik und Nervenheilkunde, Hrsg.). Berlin, Heidelberg: Springer. Zugriff am 24.8.2020. Verfügbar unter: https://public.ebookcentral.proquest.com/choice/publicfullrecord.aspx?p=5963218

Stern, D. N. (1992). *Die Lebenserfahrung des Säuglings.* Stuttgart: Klett-Cotta.

Stern, D. N. (1995). Die Repräsentation von Beziehungsmustern, entwicklungspsychologische Betrachtungen. In R. Petzold (Hrsg.). *Die Kraft liebevoller Blicke. Psychotherapie & Babyforschung* (Bd. 2.) (S. 193–219). Paderborn: Junfermann.

Taubner, S. (2015). *Konzept Mentalisieren. Eine Einführung in Forschung und Praxis.* Gießen: Psychosozial.

Ulich, D., Kienbaum, J. & Volland, C. (2002). Empathie mit anderen entwickeln. Wie entwickelt sich Mitgefühl? In M. v. Salisch (Hrsg.), *Emotionale Kompetenz entwickeln. Grundlagen in Kindheit und Jugend* (S. 111–134). Stuttgart: Kohlhammer.

Wertfein, M. (2006). Emotionale Entwicklung von Anfang an – Wie lernen Kinder den kompetenten Umgang mit Gefühlen? (Teil 1). *Familienhandbuch:* https://www.familienhandbuch.de/babys-kinder/bildungsbereiche/soziale/EmotionaleEntwicklungvonAnfangan.php

Wiedebusch, S. & Franek, M. (2019). Förderung der sozial-emotionalen Entwicklung aus der Sicht frühpädagogischer Fachkräfte in Kindertageseinrichtungen. *Perspektiven der empirischen Kinder- und Jugendforschung, 5* (2), 5–17.

Wihstutz, A. (2013). Wertebildung als gemeinsame Aufgabe von Eltern und Kindertagesstätten. Die Perspektive der Ausbildung. In A. Erbes, C. Giese, H. Rollik & Deutsches Rotes Kreuz (Hrsg.), *Werte und Wertebildung in Familien, Bildungsinstitutionen, Kooperationen: Beiträge aus Theorie und Praxis* (S. 188). Berlin: Deutsches Rotes Kreuz e.V.

Wygotski, L. (1987). *Ausgewählte Schriften. Arbeiten zur psychischen Entwicklung der Persönlichkeit* (Band 2). Köln: Pahl-Rugenstein.

Ziegenhain, U., Fries, M., Bütow, B. & Derksen, B. (2004). *Entwicklungspsychologische Beratung für junge Eltern. Grundlagen und Handlungskonzepte für die Jugendhilfe.* Weinheim: Juventa.

8

Verzeichnisse

Abbildungsverzeichnis

Abb. 1:	Struktur der Forschungsprojekte zum »Herausfordernden Verhalten in Kitas«	13
Abb. 2:	Kreislauf professionellen pädagogischen Handelns	19
Abb. 3:	Weitergehende Bestandteile des Kreislaufs professionellen pädagogischen Handelns	21
Abb. 4:	Allgemeines Bio-Psycho-Soziales Modell	23
Abb. 5:	Modell der Entstehung von Bindungsrepräsentationen, modifiziert aus Fröhlich-Gildhoff (2013a)	26
Abb. 6:	Komponenten der Mentalisierungsfähigkeit	37
Abb. 7:	Problemlösezyklus	39
Abb. 8:	Bio-Psycho-Soziales Modell (Wiederholung)	76
Abb. 9:	Beziehungsdreieck	89

Tabellenverzeichnis

Tab. 1:	Entwicklungsabschnitte der Emotionsentwicklung	34
Tab. 2:	Tabelle mit den Ergebnissen der Beobachtung	56
Tab. 3:	Ablauftabelle Kreislauf	65

Verzeichnis Arbeitsblätter

AB 1:	Reflexion der eigenen Wahrnehmung	68
AB 2:	Struktur von Fallbesprechung I	69
AB 3:	Beobachtungstabelle	70
AB 4:	Ressourcenprofil	71
AB 5:	Struktur von Fallbesprechung II	73
AB 6:	Einfühlen oder Mentalisieren	75
AB 7:	Analysefragen Bio-Psycho-Soziales Modell	76
AB 8:	Analysefragen Modell der seelischen Grundbedürfnisse	78
AB 9:	Auswahl der Arbeitshypothese	82
AB 10:	Analysefragen zur Planung der Handlungsschritte	84
AB 11:	Planung der Handlungsschritte	85
AB 12:	Struktur Fallbesprechung III: Evaluieren	96